Research On
Characteristic Commerce of Beijing

北京
特色商业研究

张永 徐振宇 郭崇义 著

企业管理出版社
ENTERPRISE MANAGEMENT PUBLISHING HOUSE

图书在版编目（CIP）数据

北京特色商业研究/张永，徐振宇，郭崇义著. —
北京：企业管理出版社，2014.1
　　ISBN 978-7-5164-0661-8

　　Ⅰ.①北… Ⅱ.①张… ②徐… ③郭… Ⅲ.①商业经济-特色经济-研究-北京市 Ⅳ.①F727.1

　　中国版本图书馆CIP数据核字（2013）第310488号

书　　名：	北京特色商业研究
作　　者：	张　永　徐振宇　郭崇义
选题策划：	刘　刚
责任编辑：	谢晓绚
书　　号：	ISBN 978-7-5164-0661-8
出版发行：	企业管理出版社
地　　址：	北京市海淀区紫竹院南路17号　邮编：100048
网　　址：	http://www.emph.cn
电　　话：	总编室（010）68701719　发行部（010）68414644
	编辑部（010）68701661　（010）68701891
电子信箱：	emph003@sina.cn
印　　刷：	三河市南阳印刷有限公司
经　　销：	新华书店
规　　格：	170毫米×240毫米　16开本　12印张　167千字
版　　次：	2014年1月第1版　2014年1月第1次印刷
定　　价：	32.00元

版权所有　翻印必究·印装有误　负责调换

PREFACE｜前言

　　本书展示了我们近年来研究首都商业发展的部分阶段性成果，重点关注了北京商业街区和老字号商业企业，它们是北京商业的特色所在、精华所在，研究其现状、问题与对策的目的，不仅在于强化北京特色商业本身，更重要的是探索商业对北京成为世界城市可以发挥的作用。

　　首都的定位决定了工业生产对于北京必然是有选择的、受限制的，于是广义的服务业就成为支撑北京经济发展的主要产业，而商业作为广义服务业的重要部分，也在一定程度上成为北京的支柱型产业。应该说，北京商业近年来在首都经济社会发展中一直表现出色，社会商品零售总额在全国连年名列第一。"2012年，北京的最终消费拉动GDP已占到58%，民生消费占整个消费的60%左右。"（北京晚报，2013年1月24日）

　　但是，北京商业要持续发展，要保持其战略地位，还必须大大提高整体吸引力和市场辐射能力，强化商业特色、吸引京外乃至国外消费被认为是提高北京商业市场辐射能力、保持战略地位的三大手段之一（另外两个是国际化和电子商务）。

　　商业街区、老字号企业集中承载了北京商业的特色。从王府井、前门到三里屯、南锣鼓巷，从琉璃厂到中关村，从同仁堂到全聚德，不仅代表传统，也代表现代，不仅服务于北京，也服务于全国，类型各异，各有不同。但它们存在或成功的基础是特色。我们的研究证实：特色是商业吸引力和辐射力的源泉；特色源于差异化和专业化；特色需要主观的设计和塑造，但特色需要客观的选择、修正、积淀才能形成并被市场认可。

本项研究及本书编写的主要成员有张永、徐振宇、郭崇义，参与项目研究或本书编写的还有邓艳、王丹、王刚、傅磊、肖扬、张浩等。张永负责本书编写大纲和全书统稿。

庞毅教授、冯中越教授、李书友副教授、刘晓雪副教授、宋冬英编审参与了本项研究及本书编写的前期讨论工作；本项目研究及本书编写过程还获得了谢志华教授、何明珂教授、王国顺教授、刘文纲教授的指导和帮助，在此一并致谢！

本书是北京人才强教深化计划市场营销学术创新团队项目（PHR201107111）的阶段性研究成果，同时还获得了北京哲学社会科学首都流通业研究基地项目（JD-2011-Y-13）、北京批发研究基地的资助。

作者

2013年12月

CONTENTS | 目录

特色商业的性质与理论基础 1

北京商业街区的历史与现状 15

北京商业街区发展的问题与对策 29

北京商业街区空间结构研究 43

北京文化休闲商业街区研究 69

北京特色商业街区案例研究 89

北京商业街区顾客满意度研究 105

北京老字号的历史和现状 131

北京老字号营销创新——同仁堂案例研究 151

北京老字号的规模扩张——全聚德案例研究 165

特色商业的性质与理论基础

一、特色、创新与集聚

企业经营或某个产业的"特色",可以从两个方面进行理论解释:一方面,"特色"源于"差异化"(这是新古典经济学尤其是垄断竞争理论所强调的)。"差异化"的消费需求必然引发技术和经营模式的差异化和多样化——这正是"特色"之所在,构成了不同程度的"垄断"力量和"竞争优势"的基本来源,塑造"差异性"也就在很大程度上构成了企业经营创新的重要方向。另一方面,"特色"源于"专业化"(这是古典经济学所强调的)。无论是产品和企业的特色,还是商业街区和城市的特色,都在很大程度上得益于市场范围的逐渐扩展和专业化水平的不断提高。在解释"特色"时,"差异化"和"专业化"显然是互补的。

至于"创新",学界和政界很容易将它等同于技术创新,甚至将它与研发活动(R&D)相提并论,但研发活动仅仅是创新的一部分。某些产业或企业,即使未进行过任何可称为"研发"的活动,它们仍可能从事多种创新活动。迄今为止,只有熊彼特等少数经济学家真正全面深刻地剖析过创新问题。在熊彼特(1990,第73~74页)看来,创新——他称之为"执行新的组合"(the carrying out of new combinations)——除单纯的技术改进外,还会采取如下形态:采用一种新的产品;采用一种新的生产方法;开辟一个新的市场;获得原材料或半制成品的一种新的供应来源;实现任何一种工业的新的组织,或打破一种垄断地位。创新是一种"创造性破坏"(creative destruction)的内生、动态过程,往往基于特定的空间进行而产生所谓的集聚与集群过程——该过程具有相当的偶然性、自我强化和路径依赖特征。①

由于习惯于忽略"空间"问题,主流经济学很少研究创新与集聚的关系。马歇尔(1964)是一个例外,除透彻分析"本地化产业"(即"产业集聚")形成的三种基本原因(专业化劳动力集中、辅助产业聚集与知识、信息的频繁交流所导致的知识外溢)外,他还非常深入地剖析了产业集聚对于创新的重大价值,后人称为"马歇尔产业氛围"或"马歇尔氛围"。对此,马歇尔(1964,第284页)有一段非常经典的论述:"从事同样的需要技能的行业的人,互相从邻近的地方所得到的利益是很大的。行业的秘密不再成为秘密;而似乎是公开了,孩子们不知不觉地也学到许多秘密。优良的工作受到正确地赏识,机械上以及制造方法和企业的一般组织上的发明和改良之成绩,得到迅速的研究;如果一个人有了一种新思想,就为别人所采纳,并与别人的意见结合起来,因此,它就成为更新的思想之源泉。不久,辅助的行业就在附近的地方产生了,供给上述工业以工具和原料,为它组织运输,而在许多方面有助于它的原料的经济。"除此之外,马歇尔(1964,第286页)还从需求的角度关注了商业的空间集聚问题:"对于顾客的便利也要加以考虑。顾客为了购买小东西会到最近的商店;但要购买重要的东西,他就会不怕麻烦,到他所认为最合适、最好的商店去。因此,经营高价和上等物品的商店,就会集中在一起;而供应日常家庭必需品的商店则不如此。"在马歇尔之后,胡佛、缪尔达尔、赫希曼、波特、克鲁格曼等著名学者也对包括产业集群在内的重要空间现象进行了大量卓越的研究,藤田昌久、克鲁格曼、维纳布尔斯(2005)堪称"空间经济"研究的集大成者。

无论是"特色",还是"创新"和"集聚",都是演化的结果,均以错误、误差、试错、偶然性及决策主体的"无知"等为基础——所有这些

---

① 一旦集聚过程开始,就会存在某些机制维持和强化,换言之,历史和"历史事件(historical accidents)"之所以重要,在于它们促生了经济活动的空间特性并会长久维持它。

都增加了所谓"多样性"的来源。而"多样性"正是演化中最核心的要素之所在，因为没有"多样性"，也就失去了演化的基础（梅特卡夫，2007，第43－44页）。根据演化的分析范式，决策主体是异质性的，结构变迁和创新必须通过各异质性个体的多样性得以实现。而在新古典的分析范式中，决策主体被视为"代表性主体"或"代表性厂商"，在很大程度上是同质的，这样就没有必要分析创新和结构变迁（梅特卡夫，2007，第44页）。本文强调多样性与异质性，重视偶然性、错误、试错、模仿、学习、非正式合作等，重视空间因素，尤其重视集聚于某一特定空间的中小企业的行为，并基于以上方面看待特色与创新。

演化原本是生物学中的一个核心概念，经济学家将演化思想运用于经济现象，以更好地理解诸如适应性（fitness）、适应（adaptation）和选择单位（unit of selection）等概念（梅特卡夫，2007，第26页）。[①] 在演化经济学看来，"演化"无非就是经济系统中"新奇"的创生、传播和由此导致的结构转变。而所谓的"新奇"，就是新的行动可能性的发现，它是人类创造性的结果。如果新的行动可能性被采纳，这种行动就被称为"创新"（贾根良，2004）。

演化经济学中的"新奇"性，往往是形成企业经营"特色"的重要来源，类似于主流经济学中垄断竞争理论所言的"差异性"。"差异化"的消费者必然引发技术和经营模式的差异化（多样化），而这些正是"特色"，构成了不同程度的"垄断"力量和竞争优势的基本来源，对差异性的塑造在很大程度上构成了企业经营创新的重要方向。[②] "特色"也与"专业化"（这是古典经济学所强调的）密切相关，随着市场范围的扩展，专业化不断提高，当然有利于"特色"的生成和创新。无论是产品的特色、企业的

[①] 在各个学科（包括经济学）中，使用"演化"一词似乎正在成为一种时尚，但正如生物学家莫诺（Jacquesse Monod）在一次关于生物进化的演讲中所说："进化论的一个古怪之处在于，所有人都认为自己了解它。"同样，在涉及经济"演化"时，许多人都在使用这一术语，仿佛它不需要进一步的解释，并且所有人都知道它的意思似的（转引自霍其逊，2007，第128－129页）。

[②] 按照著名学者迈克尔·波特的分析框架，另外两个重要的方向是降低总成本（或曰总成本领先）和高度聚焦（专业化）。

特色，还是商业街区和城市的特色，以及专业化水平的提高，都是长期演化的结果，既非从天而降，也不是可以轻易"培育"的，当然也不是"规划"出来的。

二、城市：特色商业与商业创新的需求基础

需求因素（消费者）无疑是创新的源泉（波特、瑟尔韦，2005，第351页）。就商业特色创新而言，一个地区的需求状况是最基本的前提。从这个意义上而言，城市的需求状况显然也是一种空间基础。

在其他条件相同的情况下，需求规模越大的城市，就越有可能产生更多的商业特色创新。根据斯密"分工受市场范围的限制"这一著名的经典定理（经济学界称之为"斯密定理"），那些需求规模较大且市场范围不断扩展的城市无疑可以容纳更高水平的分工和专业化，从而可以容许有更多商业企业、更大程度的多样化，并产生更多的创新行为。

从中国经济发展的历史看，那些聚集了大量人口和市场规模不断扩展的城市，往往也是商业极其繁荣和不断产生特色创新的所在。清明上河图自不待言，《东京梦华录》和《梦梁录》对开封（汴京）和杭州（临安）城的记载也表明，中国的城市商业在1000年前就出现了极度的繁荣，其民众的富裕程度，其商品流通的规模，其分工和专业化水平，其商业活动的集聚，其商户的经营创新，都已达到相当的高度。对于600多年前的北京城（元大都），马可·波罗看似夸张地写道："我相信世界上没有别的地方能聚集这么多的商人，并且比世界上的任何一个城市里的更贵重、更有用和更奇特的商品都汇集到这个城市里。"在明代，除北京外，南京、苏州、杭州、开封都是名副其实的大城市，人口超过或接近百万。到了清代，北京、南京、苏州、杭州则继续维持了其大城市的地位，广州、上海、汉口等则因其特殊的地理位置也逐渐发展成为大城市，这些大城市商业高度繁荣，各种特色创新活动极其频繁。

对于北京商业而言，"需求"始终是其特色创新的一个非常基础的因素，从历史上看如此，从当前发展格局看更是如此。北京这座特大型城市

中有大量的人口（截至完稿前总人口超过1700万人，而且还在不断增长之中），人均GDP已接近1万美元（2008年的人均GDP为63029元[①]，如果保持目前的增长速度，2020年之前将超过2万美元）。如此庞大的经济总量和其中蕴含的巨大消费能量，是促成北京商业走向特色化发展和不断创新的坚实基础。另外，北京市本身的地理区位和交通条件决定其能够在很多商品的流通方面辐射华北、东北甚至东北亚地区，这也构成了北京商业不断创新且规模不断膨胀的重要基础。

三、商业街区：商业创新的空间基础

北京商业之所以有可能产生很多特色和创新行为，不仅是由于其强大的需求基础，也由于北京商业已在多年的演化中形成了诸多综合性和专业性商业街区（其中不少商业街区经过了数百年的演化）——正是这些商业街区构成了北京商业创新的空间基础。

对某一特定领域而言，一个城市往往只有非常有限的地区（有时甚至只有一个）能提供最佳经营环境。在北京，IT相关产品贸易的最优经营区域是中关村地区，农产品批发的最优经营区域是西南三四环之间的有限区域，图书（包括旧书）的最佳经营区域是海淀图书城及周边地区，茶叶的最佳经营区域是马连道，灯具的最佳经营区域是岳各庄，古玩的最佳经营区域则是潘家园一带。实际上，马连道、潘家园、岳各庄、新发地、木樨园、中关村等地已经分别称为北京市茶叶、旧货古玩、灯具、农产品批发、服装批发、IT产品贸易的代名词，就像人们一提起好莱坞、硅谷、底特律就能联想到电影、信息技术和汽车产业一样。在这些地区（商业街区）内，大量企业因"共用性"和"互补性"而形成地理上接近的相互联系的群体，形成典型的服务业集聚区（或集群），有利于提高企业的生产率和创新能力。由于各种富有特色的商业街区实际上具有很大程度上的"赢家通吃"、"路径依赖"和"正反馈"的特点，其他地区在事实

[①] 据国家统计局. 中国统计摘要·2009 [R]. 北京：中国统计出版社，2009.

上已经在这些产品的交易中"出局",它们想要追上这些领头羊似乎难如登天,更不用说超越了。正如亚瑟(1997)所言,如果一个国家或地区在竞争性市场上因某种"机会"或"机遇"而领先,就会一直领先,并扩大这种领先程度。

一个成功的商业街区(无论是综合性的,还是专业性的),不仅是一个交易中心,同时也是知识、学习、信息、技术中心,从而必然也是创新中心。① 成功的商业街区之所以更容易成为一个创新中心,其内在机制至少包括多样性、竞争、合作等基本机制。多样性提供创新并容许不确定性存在;竞争是创新的动力机制和压力机制;合作可以建立基本的联系与互动(福斯特、梅特卡夫主编,2005,第374页)。

集聚和集群,除带来企业、企业间的成本降低和信息、资本循环的改进之外,还可能加强"马歇尔氛围"中的以交易为基础的社会一致性(波特,2003,第395页)。在商业街区内部,相关企业间的相互学习、信息交流、知识外溢必然使得街区内的创新能力不断提升,由此形成一种正反馈,即该街区的过去的成功将导致其将来在更大范围的成功。

1. 商业街区提供了多样性的来源

特色创新的核心在于多样性,没有多样性就没有特色和创新。只有多样性的企业和机构群聚在一起,才有可能产生企业间、机构间、产业间的更多的互动。创新实际上是一个众多企业不断试错、模仿、学习、总结和提炼的过程。在初始阶段,没人知道应该向哪个方向发展,没人知道最佳的技术和经营模式。然而,在一个充满创新和企业家精神的地区(一般而言,成功的商业街区具备这样的"产业氛围"),总有企业率先探索、试错。这一过程,无论成败,对于整个地区(商业街区)而言,都显得非常有价值,因为即便没有取得成功,至少可以降低其他企业的"试错"成本;如果碰巧取得成功,又为其他企业提供了模仿和学习的范本。总之,

---

① 正如波特(2002)所指出的,产业集群并不仅仅是物理实体流的进出口,也包括交换信息、消费者需求信息与技术秘诀等。

这样的探索和试错过程降低了创新的成本和风险，增加了创新成功的可能性——所谓"东边不亮西边亮"。正是基于多家企业的多样化探索、试错过程，正是基于一批具有企业家精神的经营者的创新行为，一些商业街区的发展出现了日益明显的多样性特征，而多样性正是创新的前提。这也在一定程度上验证了美国学者汉南和弗里曼（Hannan & Freeman，1989）所提出的那个颇具启发性的观点——选择只能在可用的选项中进行，也就是说，所有的成功到最后都是诸多意外和偶然性（新"尝试"或"可用的选项"）造成的。换而言之，除非付诸实施，不然就不知道是否可行。北京那些长盛不衰的商业街区，群居其中的大量企业必定要不断探索、试错和学习，否则就会不可避免地陷入衰落。

2. 商业街区有利于商业企业间的高效竞争与非正式合作

创新往往是被迫的行动。当一个特定的商业街区聚集了越来越多的企业时，现实的竞争性压力、潜在的压力和持续不断的比照压力，迫使企业想方设法（通过学习、模仿、试错）以突出自身。因为，在商业街区的每个企业都面临相似的竞争环境，单个企业将很难长期保持领先地位，但由于街区内的竞争更为充分，企业的整体发展状况较好。

由于众多相关企业和机构群居于一个范围有限的街区内，必然有利于促进商户之间的非正式交流与合作，从而更有利于促进知识交换和知识外溢。随着现代信息技术的快速发展，交流手段虽在不断丰富，但对于人们来说，面对面的接触在信息和知识的交换中的重要性似乎并没有下降，在有些方面反而显得更加重要。面对面的接触与交流被认为是创新过程中重要的技术信息和技术改进的来源（波特、瑟尔韦，2005，第352页）。[①] 这种交流往往更容易获取一些具体知识和隐性知识，这种互动式学习与合作

---

① 面对面的接触似乎会成为一种特殊的价值，这种价值是在交换隐性知识时或是知识交换包括了产品或是正在使用的生产流程的直观观测时体现出来的。这种知识类型很有代表性，它不停留于蓝图计划或是一些陈述，而是建立在个人技术和组织程序的基础之上，而这种技术或程序，不管是用语言还是用文字，都不能被介绍或定义出来。一些研究表明，非正式和口头的信息资源对于发现导致创新的市场机会和技术可能性都是关键的。有研究表明，不曾预料到的或是没有计划过的人际交流经常表现出的结果最有价值（波特、瑟尔韦，2005，第352页）。

是创新过程的一个基本方面（阿什海姆，2005，第419页，430页）。

商业街区内相关企业的集聚还有利于实现低库存、高灵敏度的"精益化"经营。在中关村这个北京最大的电子产品销售街区，绝大多数商户扮演都是外人看来"空手套白狼"的角色——由于各商户相互之间都非常熟悉，几乎每天见面，也曾进行过多次合作，商户间积累了相当的信任与社会资本（这正是著名经济学家马歇尔和当今一流政治学者帕特南所反复强调的方面），因而交易成本非常低，绝大多数商户的存货非常少，几乎可以实现零库存经营——因为各商户之间可以随时根据顾客的多样化需求高效地互相调动其有限的存货，从而不仅最大限度地提高了灵敏度，也最大限度地降低了各商户和整个街区内的存货成本——而灵敏度正是电子产品交易中最重要的竞争优势之一，存货成本则是电子产品销售最重要的成本。正如波特（2005，第265页）所指出的，集群内的企业往往能"更敏锐、更迅速地觉察到新的客户需求，并能从拥有客户信息和客户关系的企业集中受益。而且，还提供了发现新技术、新操作工艺或交货渠道等方面的优势"。相对于市场交易中离散的、随机的买卖双方，空间上接近的企业和机构间更容易建立信任和协调的交易关系，因此，集群缓解了市场的内在不确定性的同时，还成功地减少了纵向一体化中所必然产生的高昂代理成本，相互独立的、非正式联系的企业和机构间代表着一种充满活力的组织形式——提供着效率、效果和灵活性的优势（王缉慈等，2001，第126页）。

总之，在一个商业街区内部，各商户既为保留和赢得顾客而激烈竞争（这种有效的竞争正是该街区保持活力的基本要素），同时彼此之间又展开大量高效的非正式合作，正是这种高水平的"竞合"为街区内的特色创新创造了良好的"产业氛围"。

3. 商业街区有利于新企业诞生、学习并实现优胜劣汰

在一个充满活力的街区内部，竞争往往非常激烈，加上较低的进入和退出门槛，就会导致街区内较高的企业进出率，结果是，一批商户败下阵来，湮没无闻；胜者则成为名店，甚至百年老店。由于竞争更加充分，生

存下来的企业往往也是适应能力更强、竞争力更强的企业。另外，街区内部也提供新进厂商接触专业知识、相关脉络和基础设施的机会，使它们能学习并开发自己的经济优势。正如波特（2003，第395页）所言："如果地点（以及历史事件）导致产业簇群的崛起，产业簇群就会推动经济发展。它们会创造出新的能力、新的企业与新的产业。"

最后，大量相关企业聚集到一起，也使得政府部门采取的相关措施更容易获得显著的规模经济，比如强化相关基础设施等（包括道路、信息等方面）——近些年来，北京市商务主管部门为促进特色商业发展而采取的很多措施就是基于商业街区而进行的。

四、创新的空间：要素流动与动态过程

北京市规模庞大的需求和不断扩展的市场，构成了北京商业特色创新的重要基础，但这并不表明商业特色创新就是必然的。实际上，创新具有相当的偶然性，这种偶然性来源于特定产业区域的文化、创新精神以及提供激励机制的制度环境（王缉慈等，2001，第69页）。这也正是为何在某些南方的中小城市（尤其是浙江、广东的一些城市），其市场规模远远小于北京市场，却仍然有持续不断的商业特色创新的重要原因。甚至，北京诸多商业特色创新的源头就在这些中小城市。就商业特色创新的空间基础而言，一个城市的创新源头可能在这个城市甚至国家之外。这在很大程度上确证了开放（包括对内和对外开放）对于创新型社会和创新型城市的重要性。如果依靠北京市原有的国有商业企业，依靠那些早已变味的"老字号"，北京商业绝不可能有那么多的创新，整个社会的流通效率也将在低水平上徘徊。

外地人、外地公司（包括外国人和外国公司）在北京商业特色创新中发挥了极其重要的作用。从历史上看，由于商业受到各国统治者的诸多歧视和干扰。从全球范围内来看，商业主要是由"贱民"、外地人甚至外国

人来经营的。① 北京市也不例外，在过去的几百年间，北京富有特色的商业和种种行当，基本上是由外地人开办的。多少年来，商业即便不是"下贱"、"奸诈"的行业，至少也是一种不太舒服的行业：起早贪黑、承担风险、忍气吞声，有时还要肩挑手扛、长途跋涉、风餐露宿，有时甚至还有生命危险。这样一个处于社会"末端"的行业，大多数有着安定舒适生活的本地人当然是不屑于从事的。在过去的几十年间，大多数商业特色创新都不是在体制内进行的，并非由本地企业和本地人推动，而是由一大批不辞辛劳、艰苦奋斗的外地人在体制外全方位推动的，是一种典型的"增量"创新——这些创新行为在一开始并不与体制内商业产生太大冲击，甚至都没有引起体制内商业的重视。实际上，很多商业街区本身就是大量外地商人创建起来的。根据有关研究，浙江商人在北京南城的诸多特色商业街区的创建及发展过程中发挥了中坚作用。② 一些浙江商人在接受我们的深度访谈中指出：现在华北的商业机会将多于华南。其原因在于华南尤其是江浙一带的商业相对而言已经比较成熟，竞争远比华北地区激烈，一些"浙商"已经把"主战场"在迁移到华北，这或许是华北地区的商业经营中总能看到大量浙江商人的重要原因。这些企业家的迁徙必然带动大量的商业资源（商品、信息、资金、零售商、批发商、物流商）等也转移到华北地区，相应地，创新行为也就发生了。

另外，北京近年来的很多商业创新都是从那些原本在交通和地理区位方面并不具有太多优势的地区（北京的"南城"）发源的。如果说在过去

---

① 根据埃及的史料，第一批商人就是外国人。在古典时期希腊的年轻城市里，首先出现的也是外国商人。伊朗古圣经"阿维斯塔"（Avesta）的最早的经文中，商业就是把奢侈品卖给国王和贵族的外国人。印度文化最古老的文字资料"立格维达"（Rig – Veda）中，商人就是结成商队旅行的外国人。拜占廷的大商业最初是掌握在叙利亚人、犹太人和东方人手里的。伊斯兰帝国最早的商人是基督教徒、犹太人和阴阳教徒。叙利亚人和犹太人也是中世纪初期西欧的最早的商人，而同一时期，朝鲜人首先把商业引入日本。中国从唐朝到明朝，掌握整个对外贸易的同样也是外国人，首先是印度人和伊斯兰人。德国商人在斯堪的纳维亚处于优势地位，犹太商人在波兰、匈牙利和罗马尼亚处于优势地位，亚美尼亚商人在亚洲土耳其帝国、阿拉伯商人在东非、中国商人在东南亚也处于优势地位（比德尔，1964，第179页）。

② 木樨园—大红门地区是一个典型的由浙江商人主导多年演化而成的批发业集群。

的几百年间，北京市商业特色创新行为主要集中于城市"中心"区域的话，那么，在近些年以及今后的若干年内，北京商业特色创新行为将会越来越多地出现在作为城市"中心"的"外围"或"边缘"地区。出现这样的趋势，其原因是复杂的。第一，交通条件和地理区位优势都是可以改变的，过去交通不便和区位不佳的南城，随着北京城市的不断扩张和交通条件的不断改善，情况有了重大转变。第二，那些在交通、区位方面先天的不足地区，可以通过一批企业家（在北京主要是外来企业家）的持续的专业化努力、集聚以及知识外溢逐渐发展起一个颇具活力的商业街区。在存在专业化加速学习速度的效果时，天生的比较优势变得不再重要，而进入专业化与学习加速的良性循环（正反馈）却非常重要。一个先天不足的地区，一旦一些企业家由于某些偶然的机会成功地从事了某种专业性产品的经营，不仅会提升该地区单个商户的学习能力，其示范效应所引发的模仿也会提高整个地区的学习能力，更重要的是产生相当多知识外溢，这反过来又高效地扩大了该地区专业化的市场，使该地区有机会进一步加深专业化、加速学习过程。这种自我加速的过程往往能使某些没有先天优势的地区和个人在短期内超过一些有先天优势、但却没进入这个良性循环过程的地区和个人。有人将这种良性循环过程称为"自我发现"，实际上这种过程是"自我创造"，而不是发现先天就存在的自我（杨小凯，1994）。因此，可以认为，是大批外来的企业家、专业化努力及知识外溢改变了商户、商业企业和商业街区的命运。创新的空间，不是单纯的静态地理特征，在加入要素（尤其是企业家）的流动之后，成为一个典型的复杂动态过程。

五、余论

在很多城市，商业企业往往群聚而形成某种类型的商业街区——或表现为综合性商业街区，或表现为专业性商业街区，这些街区构成了商业特色创新的空间基础。然而，商业街区的形成，具有相当的偶然性，其本质是演化而不是构建的。政府部门必须充分尊重市场规律，应尽可能将选择权交给企业和市场。在商业网点规划和一些重要商业街区的改造中，由于过于强调行政力量和"专家"智慧的介入，国内不少城市的主管部门已经犯下了不少难以挽回的错误，他们要么正在打造一批"有场无市"的街区，要么正在或者已经将本来富有特色的商业街区逼向了不归的绝路。

"特色"和"创新"，以及与之密切相关的"差异化"和"专业化"，绝不是通过行政力量或规划"打造"出来的，而是多年来演化出来的结果，是街区内的企业家共同创造出来并被消费者认同的结果，这种结果和政府部门、"专家"认为"应该"具有的"特色"往往是有巨大差异。令行政主管部门最尴尬的事，莫过于做那些扼杀商业特色创新的多余的事。在商业特色创新方面，政府部门的最优策略是观察并提供"必要"的帮助，而不是拔苗助长。政府的角色，是尽可能有助于扩展市场和补充市场，而不是纠正市场和替代市场。近年来国内不少地区兴起的"造街运动"，其本质是替代市场和纠正市场，绝大多数都会走向失败。幸运的是，北京市相关主管部门还比较清醒，这也是未来北京商业可以不断实现特色创新的基本前提。

参考文献

[1]［英］阿什海姆. 产业区：马歇尔等人的贡献［A］//［英］克拉克，费尔德曼，格特勒. 牛津经济地理学手册［C］. 刘卫东，等译. 北京：商务印书馆，2005.

[2]［俄］比德尔. 论马克思主义经济学［M］. 廉佩直，译. 北京：商务印书馆，1964.

[3]［美］波特. 国家竞争优势［M］. 李明轩，邱如美，译. 北京：华夏出版社，2002.

[4]［美］波特. 竞争论［M］. 高登第，李明轩，译. 北京：中信出版社，2003.

[5]［美］波特. 区位、集群与公司战略［A］//［英］克拉克，费尔德曼，格特勒. 牛津经济地理学手册［C］. 刘卫东，等译. 北京：商务

印书馆，2005.

[6] [美]波特，瑟尔韦．地理在企业创新过程中和获取持续竞争优势中的作用［A］//［美］钱德勒，哈格斯特龙，瑟尔韦．透视动态企业：技术、战略和区域的作用［C］．吴晓波，耿帅，译．北京：机械工业出版社，2005.

[7] [英]福斯特，梅特卡夫．演化经济学前沿：竞争、自组织与创新政策［M］．贾根良，刘刚，译．北京：高等教育出版社，2005.

[8] 管驰明．中国城市新商业空间研究［D］，南京大学博士学位论文，2004.

[9] 霍其逊．演化与制度：论演化经济学和经济学的演化［M］．北京：中国人民大学出版社，2007.

[10] 贾根良．理解演化经济学［J］．中国社会科学，2004（2）．

[11] [英]马歇尔．经济学原理（上卷）［M］．朱志泰，译．北京：商务印书馆，1964.

[12] [美]梅特卡夫．演化经济学与创造性毁灭［M］．冯健，译．北京：中国人民大学出版社，2007.

[13] [美]斯科特．产业绩效的地理基础［A］//［美］钱德勒，哈格斯特龙，瑟尔韦．透视动态企业：技术、战略和区域的作用［C］．吴晓波，耿帅，译．北京：机械工业出版社，2005.

[14] [日]藤田昌久，[美]克鲁格曼，[英]维纳布尔斯．空间经济学——城市、区域与国际贸易［M］．梁琦，等译．北京：中国人民大学出版社，2005.

[15] 王缉慈，等．创新的空间：企业集群与区域发展［M］．北京：北京大学出版社，2001.

[16] 仵宗卿．北京市商业活动空间结构研究［D］．北京大学博士学位论文，2000.

[17] [奥]熊彼特．经济发展理论——对于利润、资本、信贷、利息和经济周期的考察［M］．何畏，等译．北京：商务印书馆，1990.

[18] 徐振宇,兰新梅. 北京的郊区化困境与服务业发展机遇 [J]. 北京社会科学, 2008(3).

[19] 杨小凯. "组织创新"的新经济理论 [J]. 经济前瞻, 1994(1).

[20] Arthur W B, Increasing Returns and Path Dependence in the Economy [M]. the University of Michigan Press, 1997.

[21] Audretsch, D B, Innovation and spatial externalities, International Regional Science Review, 2003, 26(2):167 – 174.

[22] Hannan, M T, J H Freeman, Organizational Ecology [M]. Cambridge, MA: Harvard University Press, 1989.

北京商业街区的历史与现状

当前商业活动的竞争，既是商业企业之间的竞争，更是由众多独立的零售商店、餐饮、娱乐、酒店等各种商业、服务设施相对集中而形成的商业街区或大型购物中心之间的竞争。因此，对商业活动和商业结构的考察，商业街区和大型购物中心至少应该获得与商业企业同等重要的地位，商业空间结构的重要性自不待言。然而，城市商业街区和商业空间结构的研究并未受到理论界足够的重视，在实践中也出现了一些偏差。本分报告的目的是在考察北京市商业街区演化进程的基础上，进一步探究北京市商业空间结构的演化趋势及优化的可能性及对策。

一、北京商业街区的历史传承

北京目前的主要商业街区，大多数是老北京历史上比较繁华的商业区。明清以来，东四、西单、鼓楼前始终都是老北京城内繁华的商业街区。在清朝，官府处决死刑犯一般都选择商业繁华、行人众多之处，以达到杀一儆百、以儆效尤之目的。清代最著名的两个刑场先后为西四牌楼和菜市口，这也充分反映了这两个地区商业的繁荣。除此之外，内城的东单、西四—白塔寺、什刹海—地安门，外城的前门—大栅栏、天桥、珠市口、菜市口、瓷器口、琉璃厂、崇文门外花市等商业街区也都曾保持着长期的繁荣。

1. 地理位置和交通始终是决定街区兴衰的基本因素

北京曾经繁华的商业中心街区无一例外都有着便利的交通和绝佳的地

理位置。早在元代就兴起的商业街区钟鼓楼地区,一个根本原因就在于元代南北大运河的终点码头设在积水潭。自漕运从大运河直航积水潭后,积水潭附近每天往来船只如梭,"川陕豪商,吴楚大贾,飞帆一苇,径抵辇下。"前三门(崇文门、正阳门、宣武门)均为交通要道,同时也都成为京城商业最繁华的地区,其中尤以正阳门(前门)为甚。前门地区商业开始繁荣也主要得益于该地区不仅是北京的交通枢纽,而且还是全国性的交通枢纽。大运河终点码头的南移,使北京的商业中心从元代的积水潭、钟鼓楼一带南迁至前门大街和大栅栏一带。后来,京奉火车站(前门东站)和京汉火车站(前门西站)都设在前门,使得前门地区事实上成为北京和全国的交通枢纽,使得前门一带客流量剧增。西单商业街区能够持续繁荣的一个重要原因就在于其极佳的地理位置:西城尤其是西单以北的居民要到已成为城市商业、娱乐、休闲中心区的前门外购物或看戏,西单是必经大道;另外,凡是经北京西南卢沟桥这条大道进广安门的人,一般都侨居于宣武门外一带,其中相当一部分是地方政府官员,他们要到宫廷和政府衙门办事,进宣武门,西单亦为必经之路。东四、西四、新街口、菜市口等商业街区能持续也与这些地区地处交通咽喉有关。

2. 寺庙庙市的人气是商业街区繁荣的重要原因

另外,老北京著名的商业中心附近均有著名的寺庙,而著名寺庙在每逢开庙之时一般人山人海,大量流动的人员就为商业的繁盛奠定了基础。什刹海地区附近在历史上曾经有万善寺、广善寺、净海寺、三圣庵、还会庵、心华寺、慈恩寺、金刚寺、龙华寺、广化寺等十座寺庙,据说这正是"什刹海"地名的由来;西四有著名的白塔寺;东四有著名的隆福寺和三官庙(供奉天、地、水府三元的神);西单西边有著名的都城隍庙;新街口南边有护国寺;宣武门外有土地庙。一般有庙便有市(庙市或庙会),西四的白塔寺、东四的隆福寺、新街口南边的护国寺和宣武门外的土地庙并称北京四大庙市,而这四个地区恰好也正是老北京持久繁华的商业街区。

3. 官府政令对商业街区的发展有重大影响

老北京商业街区结构的演变还强烈地受到官府政令的影响，这样的例子比比皆是。元朝时，城市中心商业街区在现今的积水潭和钟鼓楼附近。明朝推翻元朝后，北京城人口大量减少，店铺大批倒闭，满目荒凉凋敝。明朝统治者为了尽快恢复和繁荣经济，在北京城很多地方建房造屋，建立所谓"廊房"，类似于现今流行的"商业街"。"永乐初，北京四门、钟鼓楼等处各盖铺房，召民居住，召商居货。谓之廊房"（王永斌，1999，第246页）。今前门外廊房头条、二条、三条、四条均是那时建立起来的，店铺主人大部分是外地迁来的手工业者，这奠定了前门地区商业繁荣的基础。

清朝初年以后，前门地区能够成为全北京最繁荣的商业街区，在很大程度上得益于清政府因内城逼近宫阙，害怕百姓借戏院之地纠众滋事，例禁喧哗，"永行禁止开设戏馆"，不允许在内城设会馆、戏院、妓院，强令民间商铺迁出内城，并迫令居住在内城的汉族人迁到外城居住。这样大批商贾店铺和汉族居民纷纷迁到前三门尤其是前门外落户，前门外大街及廊房头条、二条、三条、大栅栏人口密度大增，酒楼比肩，自豪非常集中，招幌飘扬，且各具特色（王红，2006，第31页）。而内城原来诸多繁华的商业街区就不可避免的衰落，只有少数地区如东四免于衰落。东四地区能继续保持繁荣的原因也在很大程度上得益于官府的规定：清朝禁止民间商铺在内城营业，却有官府开设的市场，但对官宦士大夫有严格的限制。"每日市门开，则商贾百物皆入。惟民得入，公卿士大夫皆不得入。入则有罚。"这对于京城的官宦贵族而言甚为不便，所以他们选择了地理位置较好而又不被朝廷限制的隆福寺庙会作为自己购物和消遣的场所。后来东华门外的灯市也据说妨碍宫城进出而被朝廷撤销后也转移到东四，众多商人利用灯市散后的机会出售商品，一时间与宗教无关的民间交易极为盛行，也为京城上至官员，下至百姓的购物带来很大的方便，各阶层人士纷纷来此购物，使得隆福寺地区逐渐成为内城中能够满足不同阶层人士购物需求的商业街区（王红，2006，第34页）。

4. 特色商业街区在历朝历代都很发达

老北京城不仅出现过众多综合性商业街区，也曾出现过相当多专业性的特色商业街区。在清代，东四西大街和西四并称东西马市，两地不仅有马市，还有猪市和羊市。至清末民初，东四西大街的马市转移到美术馆东街，羊市没有了，猪市则扩展到整条街，大街南北共有猪店49家，成为北京当时最大的猪市（成为名副其实的"猪市大街"）；猪市大街北边南北向的一条短巷中，还形成了当时北京非常有名的百鸟市（王永斌，1999，第54页）。西四地区还形成了著名的缸瓦市。花市大街的得名就源于明末清初该地区附近大量以做纸花、绢花为业的家庭手工业者设摊卖花日久形成"花市"，后来才出现了规模大得多、交易品种也多得多的"花市集"——借火神庙庙市吸引了大量卖土布、鞋帽、各种风味小吃以及其他生活必需品的摊贩；至清末民初时尤其繁盛，还发展了鸟市和鸽子市（王永斌，1999，第328页）。前门地区的廊房头条、二条和三条也曾经发展成专业性特色商业街，分别成为著名的灯街、玉器街和银号街（王永斌，1999，第251页）。

从老北京商业街区的演进来看，商业街区的兴衰往往与交通条件、人口的分布、人员流动和政府政策密切相关。另外，但凡成功的商业街区内部一般都有大量信誉卓著的老店铺（前门地区最有代表性），从而有助于提升这些街区的声望，当然能够吸引大量顾客前来购物。在老北京城，不仅出现了若干持续成功的综合性商业街区，更是在历史的长河中演化出相当数量的专业性特色商业街区。明清以来形成的各主要商业街区，基本上奠定了北京今日主要商业街区的基础，对北京市目前的商业街区结构仍有着较大的影响。

二、北京特色商业街区的发展现状

商业街区可分为综合性商业街区和专业性商业街区两种类型。综合性商业街区中行业较多，商业、商务职能比较健全，一般都有销售额较大、具有相当的商业影响的商业企业。就北京市而言，既有西单、王府井这样的城市中心商业街区（或称中央商业街区），也有公主坟、双榆树、朝外、中关村、阜外等重要的区域性商业街区（或称地区性商业街区）。而在专业性商业街区内，其业种相对要少得多，主要专营某种类型的商品或服务，如图书、家居建材、旧货、餐饮、花卉等，具有较强的挑选性——北京市商务局规划的特色商业街区（如海淀图书街、十里河家具建材街、潘家园旧货市场、东直门餐饮街、莱太花卉街等）大多数都是专业性商业街区。

1. 综合性商业街区

（1）中央商业街区。

就目前而言，在北京市，能够称得上中央商业街区的，恐怕只能数西单商业街和王府井商业街。这两大商业街区都是典型的业态齐全、销售额大、客流量大和商业影响大的综合性商业街区，实际上也是某种意义上的特色商业街区。另外，前门—大栅栏地区也曾是北京市的中央商业街区，但在近些年来日渐衰落。

西单商业街位于北京城市的几何中心位置，南起宣武门，北至灵境胡同，东临横二条东侧，西达西辅路，覆盖整个西单十字路，核心地段880米，延伸长度5400米，日均客流量20万以上，行业涉及百货、餐饮、休闲娱乐、金融、文化等各个行业，呈现出以商业为主，各种服务业同步配套发展，各行各业交错经营的良好态势，年社会消费品零售额超过60亿元。各种档次的商品都能在这里找到，充分突出了"专"而"全"的特色，能满足各阶层人士的需要。仅零售营业面积就超过30万平方米，既包括西单商场、西单购物中心、华威大厦等传统零售商，也包括中友百货、首都时代广场、君太百货等升级版零售项目。总建筑面积为3.5万平方米的西单文化广场是目前京城中心地区规模最大、环境良好和集休闲、娱乐、购物为一体的综合文化活动场所。

王府井商业街则以历史悠久并汇聚众多"老、名、特、优"店铺而著称，并将旅游和商业紧密结合起来——其购物者主要为外来旅游者。王府井商业街无疑是北京最有名的商业街区，也是世界著名的步行街，年销售额约50亿元。

（2）地区性综合商业街区。

北京的地区性综合商业街区以公主坟、中关村、双榆树—大钟寺、朝外、CBD地区、亚奥商业街区、复外—阜外—金融街地区等重要商业街区为代表。而且，这些地区中有相当一部分也具备了在不久的将来成长为中央商业街区的潜力。最具成长潜力的地区性综合商业街区非CBD地区莫属。在CBD及周边区域，聚集了大量跨国集团在华总部、各国驻华机构、国内大企业总部。北京70%的外资企业集中在CBD一带，必然吸引众多世界著名品牌和商业企业大量入驻CBD地区。就商业面积而言，在不久的将来，包括泛CBD在内的CBD板块将无可置疑地成为北京规模最大的商业街区。其次，蓝岛—百老汇—丰联广场—华普商厦—雅宝路市场构成的朝外商业街区显然也有成为中央商业街区的潜力。随着CBD概念的确立，朝外商务圈概念也随之确立并逐渐形成。目前朝外商业街区以朝外大街为中轴线，西起华普大厦和丰联广场，东至蓝岛大厦。朝外的特色是商务与商业并重，目前除早年的"蓝岛"、"华普"等大型商场外，还有近几年开张的朝外MEN、昆泰国际中心商业街等，使朝外地区的商业逐渐形成了一定规模。另外，中关村也将成为北京市颇具潜力的商业街区。该地区过去一直以电子市场为主，随着中关村广场购物中心的逐渐开业和第三级、新中关等综合商业的面向市场，单一的业态局面将会得到改变。大量商业体量的投放，使得中关村区域已经成为北京商业体量最大的商业街区之一。最后，近郊的望京和天通苑等地区也开始向地区性综合商业街区发展。

2. 主要特色商业街区

（1）高碑店古典家具街。

位于北京城东郊、地处长安街延长线上与紫檀博物馆隔河相望的高碑店古家具一条街，有着古老的历史，今日已成为中外闻名的专门从事古旧家具经营修复的古家具市场。古典家具一条街位于高碑店村南、市政高碑店路以东，东西长1400米，街宽8米，经营场所占地面积约10万平方米。现古家具街经营商家超过100家，商家依据古家具不同的民族特色样式、风格，形成前店后厂的风格，吸引着国内外众多的商家来此交易。

（2）什刹海茶艺酒吧街。

这是一条仿古的特色酒吧街，有着深厚的历史底蕴。早在元朝时，这里就已是"饼铺饭馆云集，酒旗绵延数里"了。那时"春雨清尘，桃李盛开，酒楼悬挂的酒旗，迎着东风招展。那青底红字的酒旗，绵延达数里之遥"。这里曾经有明代红极一时的公安派文人袁崇道、袁宏道、袁中道三兄弟在此结社，饮酒赏月。清末民初，这里还是盛极一时的荷花市场。据考证，老舍、溥杰、梁实秋以及美国记者斯特朗等名流都曾在此游玩。自2003 年兴起，依托什刹海美丽的自然风景、丰富的历史和文化内涵，由零星分布着几家茶艺馆、酒吧的沿海旧街，该地区逐渐发展成为一条拥有百余家茶艺馆、酒吧馆、咖啡馆的独具特色的茶艺酒吧街，并在北京市享有很高的知名度和美誉度，既具有茶艺酒吧时尚特色，又饱含有什刹海地区深厚的历史文化内涵的特色商业街区。

图 1　什刹海茶艺酒吧街

（3）东直门餐饮街。

东直门餐饮街位于东直门内大街，东起二环路东直门立交桥西端，西至北新桥十字路口，长约 1500 米。危房改造前，街内曾有超过 200 家的大小餐馆，经过危房改造后，街内现有餐馆 80 余家。餐饮街以餐馆多、风味全、特色强、价格廉、夜里"火"而著称，又以 24 小时服务而受到了人们的青睐，故此，北京人把这条街称作"簋（鬼）街"。街内以中、小型餐饮为主，除经营家常菜以外，同时经营川、鲁、苏、粤、清真等各种风味菜肴、传统小吃等。以麻辣小龙虾、香辣蟹、麻辣烫为代表的"三大特色佳肴"已成为簋街的招牌菜。

（4）马连道茶叶街。

马连道茶叶特色街位于宣武区西南部，全长1500米，临近北京西客站，并与多条市级主干线相通，交通便利。马连道茶业街以茶叶贸易为主要特色，截至2004年底，已经建成马连道茶城和京马、京闽等8个大型茶叶批发市场，总营业面积达6.4万平方米，云集了全国七大主要茶叶产区的近千家茶商，年销售额超过10亿元，不仅在京城茶叶市场中具有无可替代的地位，而且也是华北地区最大的茶叶集散地，已经成为中国三大区域性茶叶批发市场之一，而且产品远销美国、韩国、俄罗斯、日本、中东、东南亚等国。

（5）莱太花卉街。

莱太花卉街地处北京东三环，与新恒基大厦、燕莎友谊商城等相邻，距北使馆区1400米，第三、第四使馆区将紧邻其东侧开发建设，距首都机场1.6万米，交通方便。它集花卉展览、销售、拍卖、信息交流、餐饮等多方面服务于一体，其中自选销售和拍卖是交易中心的主要经营方式。销售的商品主要以国内外花卉精品为主，分为盆花、鲜切花、观叶植物等几个大类，数千个品种，同时兼营与花卉相关的园林机械、花土、花药、花肥、图书、音像制品等。交易中心地上部分由展示大厅（2500平方米）、花卉超市（8600平方米），花卉拍卖大厅（500平方米）及冷库（2000平方米）构成建筑主体。地下部分为办公、服务等设施。花卉超市，是标准的荷兰式温室自选商场，在这里消费者可以买到国内和世界各地的花卉精品及相关商品。花卉拍卖大厅与超市连接，是国内首家现代化花卉拍卖交易场所，有400个交易会员座席。购买者迅速成交后，可通过交易中心的运输服务系统将鲜花在当天运抵全国各地及荷兰、日本、东南亚各个国家和地区。交易中心大型冷库可为超市和拍卖大厅及客户提供花卉仓储服务。交易中心还设有银行、保险、通讯、运输等机构，可为商家提供定货、付款、进口、报关、咨询、洽谈、商务办公、运输等多方面高效配套服务。

(6) 十里河家居建材街。

十里河家居建材街是北京最大的家居建材街，街道全长3500米。在大羊坊路两侧，分布着东方汇美、家和家美、居然之家、保佳建材城、闽龙陶瓷总部基地等20家超大型专业家居建材市场，商业总面积达50万平方米，经营商家达到4000余家，其中总投资在500万元以上的企业有17家，年销售额过亿元的企业有14家。2005年，十里河家居建材街销售收入达35亿元，年交易量增幅达25%，年商品流通额48亿元，日客流量近7万人。十里河家居建材街的便利交通奠定了它独一无二的地理优势。邻近京津塘高速、京沈高速，靠近天津港，物流非常方便。京津城际高速铁路、京津塘第二条高速公路等项目建设，为加快十里河家居建材街建设提供了良好机遇。档次齐全、错位竞争是十里河家居建材街的重要特色，其中既有相对比较实惠的家和家美、十里河灯具批发城、民乐建材市场、大洋路建材批发市场和保佳建材市场，也有品位相对较高的东方汇美、居然之家、高力国际灯具港、闽龙陶瓷总部基地等家居建材城。

(7) 南新仓文化休闲街。

南新仓特色街区占地面积2.58万平方米，建筑设施主要由南新仓国际大厦和北京保存最为完整的明清两代皇家粮仓——25座皇家古仓群组成，其中9座是有近600年历史的古仓廒。按照积极保护、科学利用的原则，东城区对南新仓古仓廒进行整体规划利用，完善市政基础设施和消防设施，改造环境绿化和夜景灯光，"新的在旧的中，时尚在历史中"，整个街区洋溢着创意文化的光辉。古仓廒的修护都是本着修旧如旧的原则，绝不允许拆改挪移凿等。它们的出租也有着极严格的规定：只允许一些文化公司进行画展、商务派对、论坛、年会、首映、拍卖会等创意文化活动；租用方也绝对不允许对古仓廒建筑进行随意性装修；进驻之前都要经过文物保护、消防等方方面面单位的审核批准。在古仓廒里经常可以看到这里举办的各种画展，百姓可以免费参观。历史特色、传统文化与现代城市、餐饮休闲时尚等在这里和谐相处。

(8) 海淀图书城。

解放前，海淀图书城原是海淀镇的老虎洞胡同，是一条商业街，当时有京西海淀镇"小大栅栏"之美称。解放后，较早在此开店的是中国书店和海淀新华书店。20世纪80年代，有专家在全国政协提交提案设立一个专营科技图书的书市。海淀图书城一带由于文化氛围浓，集中了诸多高校、院所，因而在选址中脱颖而出。到1992年，籍海楼在此开业，整个街区被正式更名为"中国海淀图书城"；后来又建了昊海楼，逐渐形成了以图书、文化用品经营为主，其他经营业态相配套的文化特色商业街区。海淀图书城，说是"城"，其实只是周围几层不太高的楼房围成的一个巷子，一条南北走向的步行大街。街南头是一个中式牌楼，牌楼上的"中国海淀图书城"是李先念的题词。在20世纪90年代，海淀图书城是北京图书文化市场的一个地标。随着文化创意产业的兴起，海淀图书城又焕发了新的生机。

(9) 琉璃厂文化街。

琉璃厂始建于元代，乾隆年间（1736-1795），琉璃厂成为古玩字画、古籍碑帖及文房四宝的集散地。大批文化名人与它结下不解之缘，许多历史烟云都曾在这里聚散。琉璃厂历尽沧桑，逐渐演变成具有浓郁民族特色的文化市场。建国以后，这里更富有文化街的特色。驰名中外的荣宝斋及中国书店和文物商店的许多门市部先后在此设立。1982年琉璃厂文化街整修重建。新建成后的街道全长750米，东至延寿寺街西至南北柳巷，中为南新华街。街道两旁，铺面店堂青砖灰瓦，砖雕彩绘古色古香，更具有浓厚的古代街市色彩。

(10) 潘家园旧货市场。

潘家园旧货市场是一个经营民间旧货、工艺品、收藏品、装饰品的假日市场。市场位于东三环南路潘家园桥西南，占地4.85万平方米，建筑面积2万多平方米，市场分为工艺品大棚区、古旧家具区、古旧字画书刊区、古玩区等4个经营区，共有3000余个摊位，市场经营者来自全国各地，涉及汉、回、满、苗、侗、维、蒙、藏、朝鲜等十几个民族，从业人员近万人。市场经营的主要物品有仿古家具、文房四宝、古籍字画、旧书刊、玛瑙玉翠、陶瓷、中外钱币、竹木牙雕、皮影脸谱、佛教信物、民族服装、服饰、文革遗物及生活用品等。该市场是购买、鉴赏古玩旧货、工艺品、收藏品、装饰品的好去处。该市场地理位置优越，交通快捷便利，民间特色浓郁，交易方式灵活，号称"全国最大的旧货市场"、"全国最大品类最全的收藏品市场"、"全国最大的民间工艺品集散地"，是广大中外宾客购物和旅游的景点之一。

（11）大红门服装街。

大红门服装街位于北京南中轴路上，北起南三环木樨园，南至凉水河北岸，经过多年的市场建设，形成了以批发流通为主，带动产销的商品流通市场体系，构成了大红门服装商业圈。目前，全区域内共有服饰、纺织品、鞋帽等综合市场24家，各类商户7000多家，从业人员4万余人，总营业面积24万平方米，累计投资5.1亿元，年总交易额300亿元，是中国北方最大的服装集散市场。大红门服装城、新世纪商城等大型服装和面料市场在北京乃至华北、东北地区享有较高知名度。随着道路改造拓宽，以南中轴路特色商业为核心，向东南两侧辐射，重点建设一批规模较大的商业及配套设施，提升整体档次，形成面向全国的服装、面料交易中心和功能配套的特色商业街。丰台区政府将大红门服装商业街列入了重点发展的区域，统一规划设计，加大市政基础设施投入，制定优惠政策，提供良好的服务以促进服装产业的发展。

（12）秀水街。

秀水街紧邻CBD商圈，周边有使领馆上百个，涉外酒店百家，各级写字楼百座，坐拥常驻外宾、外国游客和高级白领的丰富客户资源；它是中国最知名的市场之一，赫然名列世界旅游地图；在外国游客眼中，与长城、故宫、北京烤鸭齐名的必游之地。20多年前，一群对未来充满希望的年轻人，在北京秀水东街支起了简单的铺面，利用这里毗邻使馆区的优越位置，经营丝绸和外贸服装，后来名声不胫而走，客流日益增多。新秀水街市场紧邻原市场建设，地下3层，地上5层，建筑面积2.8万平方米，有上千个摊位，并增加了民族特色商品，增加下午 5 点以后的黄金购物时间。

图 2　新秀水街

除了上面的特色商业街区外，北京市的特色商业街区还包括：银街、隆福寺步行街、金融街、三里屯、天桥、牛街、中关村大街、丰台汽配一条街、方庄餐饮街以及红桥市场等。

3. 商业街区之间的融合与转化

随着经济的发展，专业化商业街区与综合性商业街区之间有相互融合与转化的趋势，其最典型的例证就是中关村地区商业街区的发展。中关村地区实际上是一个典型的特色商业街区，其中最著名的就是海淀图书城和中关村电子商业街区。但是，随着商业活动的逐步扩展，电子城、图书城和国际商业广场有逐步融合之势，使得整个中关村广场和周边地区有融为一个综合性商业街区的强劲趋势。

三、北京商业街区的特色结构

1. 以专业性为特色的商业街区

以金融服务为专业的金融街，以餐饮为主的东直门餐饮街（簋街）和方庄餐饮街，以图书和文化用品为主的海淀图书城，以电子数码产品为主的中关村大街，以家具建材为主的高碑店古典家具街和十里河家居建材城，以茶叶销售为主的马连道茶叶街，以服装和面料销售为主的大红门服装街，以汽配为主的汽配一条街等，从街名就能很清楚地看出街区的特色和专业性。

2. 以某种格调为特色的商业街区

以某种格调为特色的商业街区：三里屯酒吧街、什刹海茶艺酒吧街、南新仓文化休闲街。以民俗和深厚的人文底蕴为特色的商业街区：天桥、大栅栏、牛街、前门、隆福寺步行街和琉璃厂文化街。

3. 以综合性为特色的商业街区

以综合性为特色的商业街区，其主要代表为西单和王府井商业街区，实际上，还应该包括在北京市颇有影响的朝外和公主坟地区。在这些商业街区，综合性、业态全、档次全实际上也已经成为这些商业街区的重要特色，尤其是西单商业街，综合性这一特色更是明显。

北京商业街区发展的问题与对策

无论城市怎样发展，无论商业怎样变化，在可预见的未来，商业街区都是一个不可或缺的业态。随着社会的发展，消费活动不仅仅是一种购买活动，人们更注重休闲性消费、体验式消费、个性化消费，而商业街区这种商业形态能够很好地满足人们的复合型需求。

一、商业街区研究进展

商业街就是由众多商店、餐饮店、服务店共同组成，按一定结构比例规律排列的商业繁华街道，是城市商业的缩影和精华，是一种多功能、多业种、多业态的商业集合体（陈莉，2002）。商业街，又称商店街，是指由众多商店、餐饮店、服务店共同组成，按一定结构比例规律排列的商业繁华街道，是紧密地聚集于一定地区所形成的商业聚集体，并发挥商业聚集所产生的吸引顾客的"相乘效应"（汪旭晖，2001）。

根据中国步行商业街工作委员会对商业街的分类，按照规模及重要程度大致可以分为中央商业街、地区商业街、特色商业街三大类，特色街区则可以根据特色的不同分成三种类型：主题型、市场型、观赏型。

1. 国外商业街区研究

从现有的文献来看，西方学者主要运用规划学、建筑学、环境学和心理学等不同的理论和方法对特色商业街进行研究，在商业街的开发模式、具体工程量化以及环境的构建等方面都取得丰硕的成果，并且形成了相对完善的理论体系。

Jin 和 Kim（2002）从消费者的消费类型和消费动机出发研究了韩国商业街的消费者，认为消费者消费动机可以分为社会型、实用型和娱乐型三种，而消费者根据这三种动机也可以分为从容消费者、社会消费者、实用消费者和缺乏兴趣的消费者四类。因此，商业街的特征、目的、环境以及管理水平应该根据各自的文化背景和消费者类型的不同而有所变化。Parsons（2003）认为消费者去商业街就购物或者参观两个目的，商家要根据消费者的不同目的制定不同的商品价格和商品展览的策略。

Ruiz（1999）从自然地理环境的角度对商业街吸引力进行研究并且构建了相关模型，第一个模型考虑了形象、距离和偏好三个维度，而第二个模型只考虑形象和距离两个维度，同时通过论证比较，认为偏好对商业街吸引力的作用可以忽略。

具体方法的选用上，Cheng（2004）[①] 在商业街选址方面运用了 ANP（analytic network process）方法，同时把 ANP 方法和 AHP（analytic hierarchy process）法作比较，认为在商业街相互关系充分影响的前提下，ANP 比 AHP 更有效。然而，对于在复杂的模型或者类似情况下，ANP 和 AHP 同样有效。

2. 国内商业街区研究

目前，国内相关研究成果主要集中在以下几个方面：第一，针对世界级商业街和国内各城市的特色商业街的现状研究，提出借鉴意义；第二，从建筑的角度对特色商业街的设计原则和设计方法进行研究；第三，商业街的定位研究；第四，从消费者的角度分析对特色商业街空间环境的心理感受；第五，从人文和历史的角度研究特色商业街的保护与改造。

第一，研究对象集中在世界级商业街和各城市特色商业街的案例介绍，提出我国商业街建设的借鉴意义。

刘菲（2002）介绍了国际上著名的四条商业街，并进行比较分析，提出：我国商业街的建设与开发必须具有立体化、网络化的交通，向地下要

[①] 木樨园—大红门地区是一个典型的由浙江商人主导多年演化而成的批发业集群。

空间；行业结构三足鼎立，传统文化与现代文化相结合；展现独特的环境魅力、商品魅力和功能魅力，以人为本进行第三代商业街的人性化设计。王学军（2003）等阐述了现代商业街在营销功能、生命周期、组织化程度、内部配置等方面的发展趋势，对于我国商业街发展具有重要的借鉴意义：我国商业街要提升市场竞争力，确保商业街的聚集功能和充实店铺构成，强化商业街的组织化程度，提升其文化品位，加强政府控制的力度。周志平（2006）主要结合国内外现状，分析特色街区的构成要素和未来发展趋势，并提出成功的商业街的标准及其应该具备的条件。丁绍莲（2007）提炼出欧美商业步行街发展的社会文化机制、经济机制、政治机制以及技术机制，同时指出其对我国商业步行街发展的启示，为我国商业步行街的开发建设提供理论参考。

针对国内各城市的特色商业街的理论介绍集中在上海，广州，杭州等。如麦肯锡咨询团队在策划南京路改造项目中，比较世界9条著名商业街区基础上，总结出一流商业街形成的六大关键要素：渊源的历史、独特的景观和商业模式、多重功能、不断更新的支柱商家、方便的基础设施和良好的环境、大力推动街区发展的管理组织（仲进，2002）。何培香（2006）指出长沙市特色商业街在发展过程中还存在着一些问题：经营特色还不是非常突出，同质化经营现象较严重；特色商业街的管理不到位；经营效益低下等。因此，长沙市特色商业街的发展要以成熟的、具有发展潜力的商业街为基础，强调突出文化特色与专业特征。钟强文（2006）在全国各地特色商业街进行全面调查的基础上，分析了成都市特色商业街的现状及存在的问题，并阐述了对打造成都特色商业街的一系列构想及运营机制和模式。朱明伟（2005）等系统地阐述了杭州特色商业街的特点，并指出其存在的问题，然后提出了进一步发展杭州特色商业街的对策。这对国内城市商业街的建设也具有重要的借鉴意义。

第二，从建筑的角度对特色商业街的设计原则和设计方法进行研究。

国内早年的商业街改造偏向物质规划，如1998年王府井改造的城市设计还最单纯关注街景整治、绿化工程、市政工程、道路交通等分项设计内容(魏科,2003)。

但是,现在除了设计界传统的物质规划,如商业街界面的层次性(黄毅,2006)、商业街建筑外观的商业氛围营造(李丹俊,2006),以及商业街中传统建筑的保护利用(任兰滨,2005)之外,开始了对于商业街设计在功能、文化体验等多层次的全新思考。比如吴必虎(2004)对商业街旅游景观改造的思考,陈为民(2004)呼吁设计师懂得经济和商业街启动规律,才能设计出更好的商业街。赵仁冠(2005)则提出在实践中:"越来越多的商业区的改造,采用混合用途开发的概念……一般来说,商业区应由多幢建筑或街区组成,其用途可以包括零售、公寓、办公、酒店、电影院、娱乐、餐饮等。"卢文平和廖国胜(2004)指出对步行商业街应运用系统化的理论进行系统化研究。汪旭晖(2007)构建了商业街规划设计的理论模型,并依据模型对我国目前商业街改造建设存在的问题进行了分析。并提出了在现代商业街的规划设计中应注重解决的几个问题。

第三,商业街的市场定位研究。

商业街市场定位,是根据消费者的数量、需求、偏好以及购买力的不同,对各种类别,层次的消费者进行细分,以确定该商业街的规模、经营门类及商品档次等(费明胜,2003)。商业街的定位是决定商业街生存与发展的前提条件。在当今各大中城市都在建商业街之际,根据规范商业街的量化标准、人文环境、地位比重和可塑性四点定位准则,剖析商业街单体,寻找出一个城市商业街功能定位的规律,进而设计城市商业发展的总框架(王希来,2001)。城市内商业的竞争已从跨区域店与店之间的竞争发展到商业街与商业街之间的竞争和商业街内店与店之间的竞争。在商业竞争的新形势下,错位经营应是中国商业街发展的根本出路(荀培路,2005)。王学军(2003)等指出现代商业街的内部配置向两个方向发展。一是为了获得"聚集性利益",同业种、业态的店铺聚集在一个商业街内的配置方式有助于吸引顾客,增加销售额。如日本秋叶原的电气街、神田的旧书店街、上野的摩托车街、合羽桥的炊事用具街等。二是为了获得"两立性利益",业种虽不同但有互补关系的商店配列在一起的配置方式可达到提高顾客利用率、增加销售额的目的。如美国、欧盟的综合性商业街大都属于这种配置方式。

第四，从消费者的角度分析对特色商业街空间环境的心理感受。

从消费者行为特征或需求出发，研究商业街的功能定位与吸引客流的问题。李学工（2003）对消费者购买行为的分析，充分反映了商业街创新的必然性和内在动力，消费者购买行为的变化趋势，需要商业街不断创新。吴桂福（2004）则对杭州河坊街开街之后消费者比例、业态分布进行了实地调查。赵航（2005）以南京湖南路为例，在国内第一次以基于问卷的定量研究表明了人们对于商业街功能的诉求，除去购物之外，还存在着休闲、娱乐、情感的需求。唐幼纯、吴忠和王裕明（2005）运用神经网络的方法对上海市商业街的"商业街形象满意度"做了调查分析，认为"公共设施"、"市政设施"、"街区特色"、"服务态度"、"商品品质"和"街区治安"是影响商业街区形象满意度的最重要因素，这些要素如果做得不好，将在很大程度上制约上海商业街形象的发展。常伟（2008）等从消费者行为特征或需求出发，研究商业街的功能定位与吸引客流的问题。陈畅、周威（2010）对消费者及消费行为做认真的调查，分析研究消费者的购买心理和需求层次，从而对商业街市场作出准确的定位，指导商品和业态的配置以及商业街物质空间环境的规划设计。

从竞争理论出发，用商业街的竞争力作为评价对象，建立评价体系或寻找影响因素。冯四清（2004）认为目前的商业街建设缺少一个理性的评价体系，而一个合理有效的商业性街道的评价体系可以用于评估目前已经建设的商业街的经济效益、社会效益和环境效益，通过同一个评价体系对不同商业街之间评价比对，可以发现商业街的不足并据此指导管理建设实践。鲍军（2008）试图把竞争力领域的相关研究理论和方法导入到旅游城市特色商业街领域，综合分析了影响特色商业街竞争力的各方面要素，构建特色商业街竞争力的评价体系。马小琴、吴小丁、施晓峰（2008）利用深度访谈层次分析法，围绕商业街集客能力，通过评价指标的确定、专家评分及各指标权重的计算这三个阶段，构建了商业街评价指标体系。贾红红（2008）等系统地对特色商业街竞争力的影响因素进行深入分析，构建了特色商业街竞争力的影响因素体系。

第五，从人文和历史的角度研究特色商业街的保护与改造。

商业街是一城一地经济发展水平的窗口，更是那里社会生活，特别是其文化特色、个性风貌的典型表现。因而，北京商业街区的规划与建设，不但要有市场发展上的经济眼光，更要有市场发展、社会进步对文化继往开来的热情又冷静的远见（袁家方，2001）。因此，北京城市商业现代都市商业街无论是从总体规划布局上，还是集购物、休闲、餐饮、娱乐、旅游观光、文化为一体的综合功能开发上，寻求其风格或个性的外扬，只能解决商业街的"形似"，然若欲凸显商业街之"神似"，则需以其赋有的文化内涵定位商业街总体格调与风格，因为有特色的商业街文化是永远抹不去的印记（李学工，2002）。张芷（2007）分析我国商业街的发展现状及存在的问题，借鉴西方国家商业街发展的成功经验，有针对性地选择城市商业街发展战略。赵宇娜（2009）以传统商业街在传承过程中的存在的文化冲突问题出发，解析现代消费者文化行为的需求带来营销理念的变革——文化营销，而文化营销为传统商业街"文化"资源的整合带来福音。

二、商业街区的作用

1. 完善城市功能

简·雅克布斯认为："如果城市中的街道看起来很有趣，城市就有趣；如果它看起来很单调呆板，那么城市也就没有了生机。当我们想到一个城市时，首先出现在脑海里的就是街道。街道有生气，城市就有生气；街道沉闷，城市就会沉闷。"商业街作为城市街道的一种特殊且重要的存在形式，对城市的形象自然有着非常重要的作用。

商业街既表现了所有城市的一些普遍属性，又展示了其所在城市的独特个性，这种独特个性表现为一种"综合竞争实力"，展现了城市的形象，吸引和聚集消费者。例如，人们一说到王府井就会马上想到北京，或者说到北京就会想到王府井，王府井作为一条特色商业街，它不仅仅代表了自己的独特风韵，也代表了北京的特色。另外，人们一说起北京的多种多样的商业街便会对整个城市展开想象，好像能感觉到北京的繁华与热闹，所以，商业街是北京市形象的一部分。

2. 促进商业发展

商业街是城市繁荣和繁华的支柱，是城市的门面，是支撑城市的基础。因此加快发展商业街建设，对于促进当地商业经济发展有着积极的意义。商业街在现代社会中越来越发挥着强化城市中心的价值和凝聚力的作用。在商业街带动下能促进旅游业、商业的发展，推动城市经济的发展。特色商业街通过其独特的地域文化氛围、商品与服务特色等所形成的个性文化，能对周边地区产生辐射作用，能以较快的速度创造较高的经济效益，并且这种效应可能持续相当长的一段时间。就城市而言，以特色商业街为轴线逐渐形成"商圈"，通过建设和发展商圈，既做大了城市消费品市场"蛋糕"，又推动了城市社会消费品零售总额持续增长，而且辐射到周边区域。世界上许多知名城市的传统商业街，如慕尼黑广场步行街、伦敦哈罗步行街、波士顿摩尔步行街、东京新宿地下步行街等，它们的年经营利润占该城市商业利润总额的25%以上。特色商业街在假日经济中的作用尤为显著，"十一"、"春节"等长假，特色商业街是人们消费的好去处，带动了经济的快速增长，是城市经济发展的晴雨表。

3. 满足消费需求

特色商业街的发展与市民的日常生活密切相关，发展特色商业街能够满足市民、旅客多样化的消费需求。

首先，商业街比较能够顺应消费个性化时代消费者的购买行为特点。商业街集中了若干大型百货商场、众多的连锁化经营的专卖店和专业店，往往地处闹市区或黄金地段，其能够满足消费者追求品牌消费的心理；满足了消费者追求时尚、展示自我个性的心理；满足了追求品牌消费的顾客货比三家的购买心理需求。

其次，商业街区形成带有独具鲜明特色的商业购物区、文化娱乐区、餐饮服务区、休闲娱乐区等，甚至出现有各种类型的主题商业街市。这样，它不仅能够满足消费者多元化的购买需求，还能使消费者在娱乐、休闲、健身等活动中，获得精神与文化的高层次享受，追求"美、知、休、健"的生活品质，体现了自我价值，满足了自身对精神文化消费的心理。

最后，商业街文化作为商业文化的重要组成部分，也作为现代都市标志性人文景观，满足了消费者的特殊心理需求：一是感受传统商业文化，能够满足自身追求高品质的生活质量和生活情趣的心理感受；二是品味商业街的富有地方特色的饮食文化、酒文化、茶文化、服饰文化、建筑文化、时尚消费文化等，从中体验对商业街多方面猎奇的心理感受。

三、北京商业街区发展中存在的问题

1. 规划布局方面

城市南部与其他城区、城区与郊区之间的特色消费聚集区发展不够协调。尤其是西南城区不论是特色消费区商业设施总量、数量、种类、结构和质量与东西城、朝阳区、海淀区等存在明显差异。

行政区划障碍影响了特色商业街的发展。主要体现在市场自发形成的特色商业街由于处在不同的行政区划，区县政府站在各自利益出发，不能很好的协调彼此之间的关系，从而影响这些特色商业街的做大做强。如前门、大栅栏、琉璃厂三大特色商业街隶属崇文区和宣武区；大红门服装商贸区和永外地区，三环外隶属于丰台区，三环内归崇文区管辖。在整体规划上将面临着地方政府重复规划、资源浪费等问题。

2. 业态结构方面

行业、业态发展不够协调。目前已经形成的特色消费聚集区在行业主要集中在餐饮、酒吧娱乐等行业。消费主题鲜明，特色购物内涵丰富，旅游主题风格突出，文化竞争力强的特色消费区在发展上整体不够协调，贸易流通性的聚集区内部之间竞争激烈，聚集分工和外溢效应弱。

业态和业种结构还不尽合理。作为典型的同业集中，异业互补经营的特色商业街，如何既要突出特色，又要避免同质化经营，达到业种比例和

谐、竞争有序是难点。由于这些特色街许多是同业集聚,在业态业种结构上还不尽合理。如马连道作为最有影响力的北方最大的茶叶零售及批发特色商业街,由于这两年新增加的项目比较多,物业的供应量比较大,而集聚的商户越来越大,经营几乎同样的商品,出现内部无序竞争。10多年前中关村文化广场的特色主要是考试图书,许多进驻的出版社有自己发行的独家图书,既实现了同业聚集,又达到错位经营的目的,是北京最著名的文化品牌之一。如今中关村文化广场虽然通过改造街区环境改善了,市容整齐了,但是其核心内容经营特色没有了,更是有许多2元店、服装店、通信店等进来,业态结构非常杂乱,现在开始走向衰败。

3. 运行管理方面

目前,北京存在着多种商业街区的管理模式及运行机制,但每种模式都存在着不同的问题。具有全局性的问题主要包括以下几个方面。

对全市商业街的地块开发、建筑外观、整体形象缺乏统筹规划,导致分布不均衡、特色不突出、功能不齐全;在对商业街的行政管理上,行业协会的作用没有得到充分发挥,尚未形成行业自律机制;以传统管理为主,管理手段相对落后,影响了商业街的快速发展。

产权主体分散,业态置换和升级难度大。这些聚集区经营用房基本产权分散,少者分散在几个业主手里,多者上百个业主,要根据聚集区业态特点,引进新的品牌租户,就将面临置换难的问题。

比较典型的如中关村文化广场,以前为海淀图书城,产权方既有超市发这样的大业主,也有小业主。目前,海淀区计划将此打造成新的文化创意产业基地,2006年,通过商务局等相关单位政府投入财政资金对此进行了改造,街区硬件环境大大改善,但是如果要进行产业置换、业态调整就面临着面对不同业主的问题。原来的华奥商厦在改造过程中由于没有能协调好小业主与大业主之间的矛盾,更是出现了老楼改造的烂尾工程。

天桥文化产业区,在天桥剧场、德云社等带动下,目前经营戏装的许多商户开始在剧场所在地的斜街集聚,但是斜街上的商铺资源缺乏,许多经营戏装的商家在此找不到经营场所。

如随着南锣鼓巷知名度的攀升,南锣的租金也相应水涨船高。高额的租金和天价转让费,将对南锣产生更多负面影响:首先,许多"优质"投资者畏于资金压力望而却步;其次,老商家利润减少,步履维艰。部分老商家承受着与日俱增的房租压力,经营状况步履维艰。

4. 公共设施方面

虽然近几年商业街的购物环境逐步得到改善,但仍然存在着一些问题。由于城市建设规划不合理,尤其是交通规划不合理,道路发展速度大大落后于汽车增长速度,许多大城市繁华的商业街道至今仍被交通主干线穿越,同时大中城市商业街附近一般都缺乏像样的停车场,而导致步行商业街附近汽车阻塞,人流拥挤,事故频发。另一方面,由于商业街道附近多为城市汽车交通主干线,行驶车辆多,所产生的噪声及废气污染大大超标,环境恶劣,从而使人们到商店购物休闲的兴趣大降,影响商业街的经营效益。不少特色商业街的公共配套设施不足,缺少停车场和公交站点,商业街标识不明显、餐饮场所、休闲娱乐设施、货物托管站等不完善,特色商业街与其他文化旅游景点和交通站点的衔接也不够。如近800米的南锣鼓巷主街,缺乏人性化的休闲场所,使得游客不能"驻足观光",街边没有一处供游客小憩的长椅、石凳,这与"文化休闲街"的定位存在一定差距。由于公共配套设施的不完善,一定程度上制约了特色商业街经营档次的提高。

5. 营销推广方面

整体上缺乏强有力的管理主体。总体运营状况良好,街区管理有序,市场竞争力比较强的特色商业街有一个清晰明确的主体,如王府井大街、簋街、方庄餐饮街等。大部分特色商业街缺乏一个强有力的管理部门,有些纳入当地的街道办事处或镇政府,有一些通过产权单位来管理,还有通过行业协会协调,但是这些管理要么形同虚设,要么管理多头,没有形成系统合力。

知名度弱,缺乏"共同品牌"的统一推广和宣传。特色商业街内企业的聚集经济主要来源于"共同品牌效应",企业共享"聚集区品牌",赢得更多的客源。"簋街"、"阳坊涮肉"、"红桥珍珠"、"潘家园古玩"这都是比较好的实证。但是许多特色商业街，由于培育和完善的成长周期太长，还没有享受到聚集经济的"共同品牌效应"就衰落和消失了。

目前知名度高的特色商业街主要有两种情况：一是投资主体明确，由专门的团队管理运营，如红桥、秀水街，通过不同的宣传和促销手段扩大知名度；二是依赖历史的沉淀效应，吃老本，如大栅栏、三里屯等，他们的消费来自境外和京外的消费占到很大的比例，如红桥市场、北京古玩城、三里屯路酒吧街的境内外比例为7：3，天桥演艺产业园区，京外观众约占40%以上。

四、北京商业街区发展的政策建议

1. 合理规划与布局

合理规划城市商业街应从优化商业资源配置，提高商业组织化程度出发，制定符合国情、市情的商业街规划原则，拟定规划标准，加强规划的管理，以克服商业街建设和发展中的随意性和盲目性。合理规划一般有两层含义，一是选址，二是规模。商业街的选址规划应遵循的原则是：首先，坚持与城市整体规划相吻合，处理好商业街与城市总体规划、城市交通与基础设施建设的关系，以使商业街建设与城市综合开发建设同步推进。其次，坚持与区域经济发展相呼应，要与当地经济发展水平、市场需求和购买力相适应，并考虑对周边地区的影响和辐射，避免贪大求多，过分聚集和重复建设。第三，坚持与商业结构调整相结合，注意大中型和小型、新建与改造、集中与分散、综合经营与专业化经营相结合。第四，坚持与促进市场公平竞争相结合，商业街规划应充分考虑一个地区或一定商圈范围内的同业竞争状况。最后，还要坚持与城市环境整治相结合，通过制定商业街规划展示城市的良好形象，改善生活环境，不断提高居民的生活质量。

2. 重视文化因素对于特色商业街发展的重要作用

重视商品特色，挖掘地域文化。特色商业街是不同于一般商业街，一般商业街只要有店铺，有商品出售就可以了。而特色商业街必须具备"特色"，不能是单纯的购物，应与旅游、休闲、娱乐等多功能的结合，否则就与一般商业街相雷同。

开展文化营销，适应人们从单纯追求物质消费向追求精神消费和服务消费转变，从满足基本生活需求向全面发展需求转变的趋势，注意发掘和利用商业街的历史文化资源，开发商店、品牌和商品的文化内涵，把卖商品提升为"卖文化"。

特色商业街的形成大多具有历史缘由和大众逐渐认同的过程，历史文化的传承，当属商业街的特色之一。特色商业街因其独特而具有不可再生性和不可复制性，其深厚的旅游资源、文化资源和商业资源正是核心竞争力之所在。商业街的古老建筑是城市文化的载体，应该将它们完整地保存下来，成为现代城市的有机部分。在新建和改造商业街的规划中应注意把握空间利用规律。

各种类型商业街侧重点应各有不同，只有抓住历史文化元素和消费者心理，才有可能真正形成特色商业街。要特别注重历史文化元素的发扬。街道要发掘历史文化底蕴，行业和商品也要发掘文化底蕴。商业街作为一个城市的中心地带，是城市的"代言人"，它承载的不仅仅是商业功能，还有展示城市个性特色的功能，因此在建设、改造过程中最忌讳的就是对文化的漠视，对城市历史的否定。从文化的角度分析，首先一点是要尊重文化，要做到尊重文化就必须了解商业街区域所具备的明显或含蓄的消费文化。这就要求策划人员融入当地生活，在生活中体验其与众不同的特色。只有尊重了解了当地的文化，项目的宣传、招商才能更容易被接受，其目的性才能更加明确。其次，开发商需要在了解这种文化的基础上，打造具备自身特色文化的商业街。最后，对于商业街来说，文化是广义的文化，首先是人文景观文脉化，其后依次是环境生态化；功能休闲化；管理现代化。因此一系列的规划设计、建筑元素与商业街的经营管理都不能与之相悖。

3. 完善基础设施，优化环境

在配套设施上要充分体现功能提升，加快拓宽周边道路，修建一批停车场，合理布局公交车站、地铁站等设施，精心布置街景、小憩地等休闲环境。从垃圾桶、座椅、花盆、电话亭到休闲广场，所有细节都要经过精心设计，强调整体风格的一致性，同时，又要通过这种"一致性"展现出"个性"，即该商业街的独特卖点。

营造商业街区的绿色生命线，至少包含两个方面的内容：其一是作为城市的重要组成部分，商业街区需要城市总体生态环境保护的支持与依托；其二是商业街区本身的局部生态环境营造与保护。

4. 推广共同营销

由于商业街是多店铺的商业聚集区，商业街内的单体零售商与商业街以外的单体零售商在经营管理上存在着较大的差别，其中最主要的差别就是商业街内的各店铺之间存在着一种"共存共荣"的连带关系，这就要求在保持商业街内各店铺独立经营的同时，强化它们之间的相互依存关系。从国外的情况来看，许多国家的商业街都出现了具有法人资格的商业街合作组织，以协调和统一各店铺的经营管理活动。因此我们在开发和建设商业街的过程中，一是要加强商业街的统一管理和组织协调，进行统一宣传推广。

5. 丰富业态，完善功能

在实现资源有效配置的多种方法中，"定制"原理被广泛用于生产和流通领域，它是规模化实现低成本与个性化实现高满意度的有效结合。商业街发展亦然。店面高度积聚的规模化与特色经营的个性化是实现商业利益的有效导向，可具体表现为：一是为了获得"聚集性利益"，同业种、业态的店铺聚集在一个商业街内，这种配置方式有助于吸引顾客，增加销售额。如日本秋叶原的电气街、神田的旧书店街、上野的摩托车街等。二是为了获得"两立性利益"，业种虽不同但有互补关系的商店配置在一起，这种方式可达到提高顾客利用率、增加销售额的目的。如美国、欧盟的综合性商业街大都属于这种配置方式，这些商业街通过优化配置各种商业资源，实现了商业街的功能再造。

商业街的业态配置应与顾客的消费水平、消费结构相适应，鼓励发展新兴业态，适应目标市场消费观念和购买行为的变化，进一步满足消费者日益增长的多元化、个性化的需求。

6. 规范特色商业街的管理，提升综合竞争力

就商业街的组织化而言，世界各国大都制定了商业街的管理法规。按照商业街的管理法规，商业街的零售商一般设有商业街协作组织，使商业街实现了"法人化"，并由"商业街法人"负责商业街的照明、装饰、配送、市场调查、广告宣传等活动的统一管理，从而可有效防止商业街的店铺各行其是，保证它们之间的相互协作和配合，以提高商业街的竞争力。

北京商业街区空间结构研究

一、北京商业街区的空间布局结构

1. 综合性商业街区的空间布局结构

从空间布局方面看，北京目前综合性商业街区主要包括两类：一类以西单、王府井为代表北京市主要商业中心（中央商业街区）以及有成为主要商业中心潜力的建外—CBD地区、朝外地区、公主坟地区，这些地区基本沿长安街而分布，处于北京的城市几何中心、人口加权几何中心，或离市中心不远，交通非常方便。西单、王府井的地理位置自不待言，公主坟则地处西三环和长安街这两条北京市重要交通干线交汇之处，建外—CBD则地处东二环、东三环之间的长安街之上，显然，地理位置和交通在主要综合性商业中心街区的形成中扮演着核心的角色。

另一类综合性商业街区至少就目前来看仍然主要是区域性的，包括当代—双安—华宇—大中构成的双榆树地区、中关村西区、东直门地区、华联—万通构成的阜外商业街区以及亚奥商业街区等。这些区域性综合商业街区也几乎无一例外的处于地区性的交通中心和交通枢纽，其中中关村地区和朝外地区也有逐渐成长为北京市中央商业街区的潜力。

离长安街不远的隆福寺商业街区和前门—大栅栏地区这一南一北两个地区也曾是北京市重要的商业中心，但目前其地位已不可避免的衰落。一些学者坚持认为，经营决策失误是主要原因①，但交通条件方面的欠缺和

---

① 这一看法值得商榷。因为决策失误只可能是某些企业所为，不可能整个商业街区的企业都犯同样性质的错误。

缺少有重大商业影响的声誉卓著的商业企业也是这两个地区商业活动衰落的重要原因——而正如我们对老北京商业街区演进的分析中所言，交通条件、人气和真正有影响的商业企业都是一个商业街区维持繁荣的必要条件。不难发现，北京目前仍然维持一级商业中心地位的几个主要商业街区均沿长安街分布，而长安街的交通状况要远远好于其他交通干线，更重要的是，同时还有人员流量巨大的东西向地铁经过。前门—大栅栏地区虽然有环线地铁经过，但地面交通状况则要差得多；隆福寺地区不通地铁，仅有交通状况不太理想的东四大街，这构成了隆福寺商业发展的重要制约，而受到来自交通更为方便的银街和王府井商业街的直接竞争更使之雪上加霜，所以，隆福寺的衰落更甚。目前，隆福寺和前门—大栅栏地区剩下的可能主要是文化和历史资源。隆福寺地区和前门—大栅栏地区更可能向富有特色的专业性商业街区发展，基本上不可能再重新成为城市主要商业中心。

2. 专业性商业街区的空间布局结构

如果说西单、王府井主要靠地理位置、规模和交通取胜，那么，专业性商业街区则主要靠特色和专业性取胜。北京市目前主要的特色商业街区数量很多，大致地理区位参见图1。

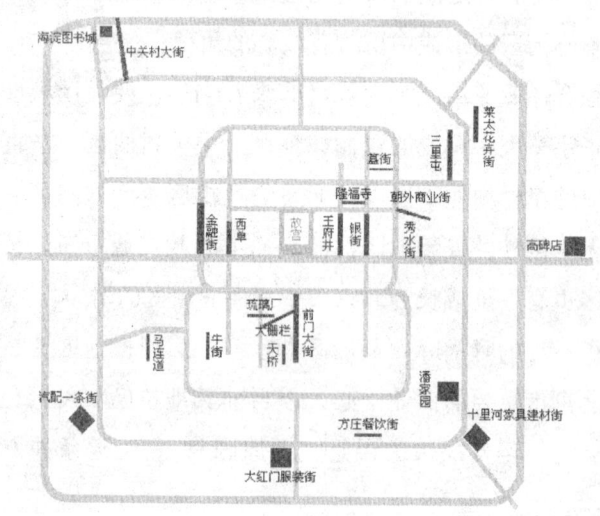

图1 北京特色商业街区地理位置示意图

不难发现，经济相对落后的南城拥有相对较多的特色商业街区，这在很大程度上得益于南城的长期的商业传统和深厚的历史文化传统。北京市的特色商业街区中老城区较多，新城区很少。这在很大程度上反映了历史传承的影响，同时也与这些老城区处于城市的几何中心有关，同时也与北京市的交通状况密切相关。一般而言，经济活动尤其是特色一般都是多年积累和沉淀的产物，不是几年就能"打造"出来的，更多是市场自然演化的结果，而不是政府刻意规划的结果。

实际上，那些列入北京市政府规划的特色商业街区，从根本上而言，主要是在市场的自发演进中长期形成的结果，而不是政府刻意规划的结果。不同于某些地方政府部门的"造街运动"，近年来，北京市商务局很务实，一般都是因势利导，当某个商业街区已经形成某种鲜明的特色和竞争力之后予以正式承认，并给予适当的政策和资金支持。如果考虑到特色商业街区给市民和经济发展所带来的正外部性，这种支持是符合逻辑的，也是低风险的。一般而言，不顾客观条件和历史基础打造商业街区往往面临较大的风险，成功的案例并不多见。

二、北京商业街区结构的演化与问题

近些年来，不难观察到以下现象：部分主要的传统商业街区（如前门—大栅栏地区）已出现明显的衰落趋势，而原来一些次中心区域的商业则迅速崛起；部分业态（如遍布城市各地的超级市场以及位于新型的城郊地区的大型购物中心）将逐渐占据主流地位，不过，这些商业活动往往并不发生在特定的商业街区之中，并开始对部分传统商业街区产生相当程度的威胁；一些实际上已列入北京市商务局规划的商业街区，不一定真正属于有特色的商业街区之列，相反，一些没有被列入特色商业街区的，反而已经具备了真正的特色。

根据《北京市"十一五"时期产业发展与空间布局调整规划》，北京市将在"十一五"时期重点建设若干特色专业集聚区，其中与商业有关的主要包括王府井西单商贸集聚区和宣南民俗文化旅游集聚区，这当然是因势利导促进商业结构优化的举措。不过，从目前的实际来看，北京商业街区和商业空间布局结构问题中最突出的实际上并不在市中心区，而恰恰在于被忽视和轻视的城郊地区。

在大多数新兴近郊区，商业和其他服务业的发展远远不能满足这些地区居民日益增长和不断升级的消费需求。正如《北京市"十一五"商业发展规划》中所指出的：城市南部与其他城区、城区与郊区的商业发展不够协调。南城商业设施总量、结构和质量与其他城区存在明显差异。有的社区商业规模偏小、功能不尽完善，有的新建社区商业设施不够配套，依然存在居民买菜不方便等问题，不能充分满足居民的多层次消费需求。这无疑构成了未来发展的重大缺陷，从全球范围内大多数大城市的发展规律、商业活动的演化趋势以及北京市的发展趋势看，这一缺陷将有可能产生非常严重的不良影响。

虽然北京已从向心集聚发展逐渐向离心分散的发展格局转变，城市加速扩张。但是，从整体上而言，除中心城区之外的绝大多数地区远远没能在居住、就业、购物休闲、社会交往及享受生活之间达成平衡，城市加速扩张的进程出现了诸多不协调之处：大多数地区的人口外迁相对比较迅速，而服务业、工业和商务活动的外迁则相对滞后，人口外迁单兵突进的倾向比较突出，一个典型的现象就是在北京市出现了大量的"卧城"：很多被规划为"居住区"的地区，人口规模相当于中等城市，这种功能定位直接导致就业机会的严重匮乏，成为单纯的"卧城"，过于依赖于与外部系统之间的联系，也就必然高度依赖交通的发展，但发展速度再快的交通系统也不可能解决规模如此庞大和如此集中的出行需求。另一方面，少数地区则出现了工业或商务活动郊区化相对迅速，成为单一的产业城或办公城，人口和服务业的外迁相对滞后的情形，城市氛围丧失殆尽。加上基础设施、社会治安和行政服务薄弱，教育、医疗等重要的社会服务与中心城区的差距过大，当然无法对居民产生足够的吸引力，反而增加的路途往返需要加大了交通的复杂性，基本上没有起到疏散人口和产业的作用。

以上诸多困境的出现，其原因是多方面的，除了新兴的城郊地区交通[①]、基础设施以及公共服务设施等严重滞后外，一个非常重要的原因就在于这些地区基本上缺乏相应的产业基础，以商业为代表的服务业的发展严重滞后。这样一来，大量城市人口的买（租）房需求就集中于市政府所规划的1000平方公里左右这样一个过于狭小的"中心城"及其附近地区。这又必然导致一系列困境：中心城区的各种基础设施不堪重负，医疗等基本社会服务恶化，房价多年来持续高企[②]，交通状况持续恶化，各种环境污染日趋严重。这显然不利于中心城区的良性运转，也不利于整座城市的和谐，显然也不利于节能减排之要求（徐振宇，2007）。

三、商业街区与商业空间结构演化的海外经验

商业的发展和商业街区的演化，与一国或地区的经济发展阶段密切相关。为此，有必要从全球的视角考察其他国家或地区商业街区和商业活动结构演化的基本经验和主要发展趋势，尤其要考察欧、美、日以及新兴工业化国家的大城市在过去的几十年间的发展情况。

1. 城市郊区化乃大势所趋

城市尤其是大城市的加速扩张是各国经济发展到一定阶段的必然产物，其典型表现就是郊区化（Suburbanization）。[③] 美国、西欧、日本和一些发展中国家的城市都曾经或正在经历这样的进程，这是城市人口急剧扩张和中心城区功能过度积聚的结果，也是对个人住宅和更大空间"普遍的渴望"的结果（科特金，2006，第202页）。伦敦在20世纪初期已初现郊区化之端倪，在20世纪20年代，尤其是40年代以后的美国以及50年代

---

① 尤其是快速公交体系和轨道交通的规划和实施过于保守和迟滞。

② 北京市在很大程度上忽视了轨道交通的重大意义，轨道交通规划过于保守，建设速度过于缓慢，导致城市化机会的浪费和商业机会的浪费，也在一定程度上造成目前房地产的结构过于集中于四环、五环以内，组团式发展没有真正实现，这也是北京市整体房价水平持续快速上涨的重要原因之一。

③ 对于郊区化的定义、发展阶段以及起源时间，国内外学术界向来存在较大的争议，参见孙群郎（2005，第1章）。

以后的西欧、日本，都出现了日益明显的郊区化趋势。七八十年代以来，一些发展中国家也出现郊区化趋势。一般可以将郊区化分为四个相互联系的层次，即人口的郊区化，工业的郊区化，商业郊区化和办公业的郊区化。

郊区化一般首先表现为人口的郊区化。以人口郊区化为标志的城市郊区化在20世纪20年代的美国就已经拉开序幕，三四十年代郊区化的速度受大萧条和第二次世界大战的影响有所放缓（孙群郎，2002）。随着战后的经济复苏和持续快速增长，20世纪50年代美国经历了一个郊区人口急剧增长的阶段：郊区人口增加了1900万人，增长率高达48.6%，而中心城仅增加了630万人，增长率只有10.7%。如果不考虑许多大城市对郊区进行的大规模兼并，中心城的增长率仅为1.5%，而郊区则高达61.6%，郊区的人口增长率实际上为中心城的41倍以上（Dennis，1979，第159页）。

由于城区内地价日益上涨、租金高企、交通拥挤，汽车日益普及，加上人口已经先行郊区化，商业、工业和办工业都出现了日益明显的郊区化趋势。而信息技术的迅速进步则是办工业郊区化的重要保证。

伴随着商业郊区化、工业郊区化和办工业的郊区化，就业也就顺理成章的实现了相当程度的郊区化。在美国郊区化的进程中，郊区的总就业不断增加，乃至超过中心城。到1980年，美国的总就业有将近一半分布在郊区；而在美国前15位大都市区中，只有1/3的工作分布于中心城，即郊区占去了2/3，而在其后的另外10个大都市区中，中心城就业也只有36%，即郊区占去了64%（孙群郎，2002）。

当就业实现了相当的郊区化，且郊区的各种基础设施和生活设施逐渐完备后，郊区才有可能在居住、就业、购物休闲、社会交往及享受生活之间真正达成良性平衡，从而才能真正起到疏散过密的市区人口的作用。在这一点上，巴黎和首尔在郊区化和新城建设的过程中做得比较到位。巴黎的新城极力寻求就业、住宅和人口之间的平衡，既有工业，又有办公楼和其他公共设施，以便为居民创造多种就业机会；同时情报、通信、行政管理、文化、商业和娱乐等设施非常完备、方便，使得新城居民能在工作、生活和文化娱乐方面享有与巴黎老城同等的水平。首尔在新城建设中致力于营造舒适、方便、清洁的生活环境，按高标准规划建区内商店、饭馆、学校、医院等生活服务设施，且布局合理，生活方便程度不亚于市区，加上新城中公园秀美、绿地成片，空气清新、水质良好，交通事故和治安案件发案率都较低，新城的吸引力逐渐增强。① 相反，如果不能在就业、居住和生活娱乐方面达成平衡，出现一系列困境就在所难免。实际上，世界上很多国家都曾在郊区化的进程中出现不同程度的困境。1903年和1920年在伦敦附近开始建设的卫星城莱奇沃斯和威尔温田园城，除居住建筑外，没有起码的生活福利设施，是典型的卧城。② 20世纪50年代末到60年代，东京郊区靠近铁路或高速公路干线建设的7座新城，自身功能不健全，生产和生活服务部门不配套，其居民要在中心城市上班、娱乐，也成为"卧城"。莫斯科也曾在20世纪50年代中期开始建设泽列诺格勒等卫星城以疏散人口和产业，但在建设初期也只能起"卧城"作用。③ 埃及开罗建成12个卫星城，但大多数卫星城普遍面临就业、教育、生活、娱乐等方面的问题，特别是与城市市区连接的交通建设滞后，卫星城对有钱人缺乏吸引力，对穷人又不能提供合适的价格，致使有相当一部分房屋闲置。④

2. 商业离心化势不可挡

在相当长的时期内，由于大量的购买力集中于城市中心地区，各大城

---

① 孔祥智．从世界各大城市卫星城的发展看卫星城理论的争议［A］．"北京卫星城的资源集聚和对农村经济发展的带动问题研究"阶段成果［R］．http：//www.bjpopss.gov.cn/bjpopss/cgjj/cgjj20030304.htm.zh

② 后来，英国政府在新城建设吸取了这一教训，在新城开发时强调就业和居住的平衡。为增加就业，英国工业部在考虑工业项目时，优先把相应的工业项目安置在大城市周边的新城。新城为吸引国家和私人投资也向企业提供优惠条件。如新城开发公司可以向企业职工提供低价住房等。新城规划中还特别重视产业结构的平衡，以保证向居民提供各类不同的就业，以防范一旦某一产业遭遇困难时，新城经济不至于太困难。

③ 孔祥智．从世界各大城市卫星城的发展看卫星城理论的争议［A］．"北京卫星城的资源集聚和对农村经济发展的带动问题研究"阶段成果［R］．http：//www.bjpopss.gov.cn/bjpopss/cgjj/cgjj20030304.htm.zh

④ 孔祥智．世界其他一些国家卫星城建设的特点及对我国的启示［A］．"北京卫星城的资源集聚和对农村经济发展的带动问题研究"阶段成果［R］．http：//www.bjpopss.gov.cn/bjpopss/cgjj/cgjj20051107.htm.zh

市的商业活动一般总是倾向于向中心商业区集中。但是，日益激烈的竞争、逐年高涨的租金和越来越拥堵的交通使得中心商业区的吸引力日益衰退，而随着人口的郊区化和郊区购买力的不断提高，加上郊区低廉得多的租金、相对较好的交通、更广阔的停车场所以及不那么激烈的竞争，郊区对于商业活动的吸引力不断增强。总之，人口郊区化对商业的发展有着深刻的影响，其他国家和地区过去数十年间的发展很好地表明了这一点。美国住宅郊区化加上交通革新，刺激了大型购物中心在郊区的高速发展[①]。以沃尔玛为代表的零售商顺应了商业的离心化和郊区化趋势从而迅速崛起，并得以持续增长。香港传统的大型购物中心多建于商业中心及旅游区，如中环和尖沙咀；20世纪80年代起，虽然新的铁路和住宅区的建设、大型购物中心出现了离心化趋势、便捷的公交设施改变了居民的消费习惯、较远距离的购物逐渐被接受，但与商业活动成功的大规模郊区化相生相伴的是城市中心商业区优势的逐渐丧失。1975年，美国1.5万个郊区购物中心的年销售额占全美销售总额的一半以上；而到1984年，全国2万个购物中心的销售额占全国零售总额的2/3。1962－1972年间，亚特兰大市的批发业营业额仅增加了78.5%，而郊区的5个县则增加了296.5%；同一时期，诺福克—朴茨茅斯市仅增加70.1%，而郊区的两个县则增加了223.4%（孙群郎，2002）。从1958－1963年，全美城市中心商业区的零售额同样呈下降趋势。以亚特兰大为例，其零售业在1963年占大都市区的66%，而1977年这一比例则下降到28%（戴志中等，2006，第9页）。

3. 街区内行业综合化趋势日益明显

无论是美国、日本还是中国香港地区，其城市商业街区的发展都出现了综合化趋势。美国商业街区发展历程充分体现了这种综合化趋势。从20世纪50年代起，西雅图等城市就兴起了现代大型购物中心经营的新概念：商场提供中央暖气系统以及地下商场服务，以人行道或人行天桥连接大型

[①] 二战后，美国的购物中心发展迅猛，到20世纪60年代中期，已猛增到8000多个。而且，修建在郊区的购物中心不仅是商业中心，也是服务和娱乐中心。（孙群郎，2002）。

的商业建筑大厦。这种业态的出现，在商店的空间布局上通过建筑的一体化实现了商业环境的连续性，通过地下空间引导的大型商业用地垂直开发的概念，通过大型停车场的设置体现一种以顾客需求为本的思想。20世纪80年代至90年代这10年间，约有16000个购物中心在美国各地产生。在各个购物中心，集合包罗万象的货品，消费者能享受"一次购足"的消费乐趣，全天式经营极大地方便了消费者。深入社区的购物中心成为美国生活文化的一部分。而主题购物中心的兴起更是成功拓展了这一业态的生存空间，它倡导消费娱乐一体化，多功能、综合化（住宿、文化、运动、娱乐、游憩）成为购物中心延续生命周期的新的生长点。日本从20世纪70年代开始也出现了这种趋势，购物中心的设计包括了办公大楼、酒店、会议及活动场所、公共设施等服务功能，商业向综合化方向发展的趋势很明显。香港由于其旅游业具有全球性影响，因此，零售业的发展与旅游购物联系紧密，零售业、饮食业等综合经营的特点非常突出。

4. 对北京商业街区和空间结构优化的启示

无论是基于美国、西欧、日本等发达国家的大城市的发展历程，还是基于香港这样的国际大都市的基本经验，对北京市商业街区和商业活动结构的分析，一定要以城市化加速和郊区化为基本背景，一定要考虑到不久的将来交通和居住格局的重大变化对商业活动的微妙动态影响。

（1）顺应离心化趋势规划和发展商业。

随着轻轨等快速交通线路迅速向郊区扩展，随着汽车的逐渐普及，北京市的人口和住宅郊区化进程相当迅速，这些都使得北京与发达国家的大城市在20世纪50至70年代城市和商业的发展具有相当程度的共同点。近几十年来，各国尤其是发达国家大城市的商业活动结构发生的最引人注目的变化就是商业活动尤其是大型商业倾向于在郊区布局，这种演进趋势的基本动力是城市的郊区化和交通的重大革新。交通在商业活动的空间结构中扮演着极其重要的角色。美国主要靠高速公路，日本则主要靠轨道交通。随着快速交通干道系统的建立和汽车的逐步普及，加上郊区充裕的用地空间和低廉的地价，商业活动尤其是大型购物场所日益青睐郊区，那些能够提供足够停车空间和多样化商品的大型购物中心也应运而生。

目前,北京市的总人口已超过1700万,并且还在高速增长,加上绝大多数人口仍然居住于不到1000平方公里的市区内,局部地区的人口则更加集中,所以,郊区化的进程必然会加快。而无论采取何种政策,商业活动的离心化趋势也会加快,所有的政策最多只能延缓但不能阻止商业活动和大型商业企业向郊区迁移的步伐。因此,市中心商业活动的绝对营业额虽仍将继续增长,但成长速度将明显慢于郊区,甚至有可能逐渐出现衰落之势。1959年,美国密歇根州卡拉马祖市的南贝迪克步行商业街在市中心区热闹开张,并一度成为全美关注的焦点。这条全美闻名的步行街后来又进行了扩充和改造,主要构思是围绕城市中心建立环状街道系统,一系列步行商业街、新的停车场、翻新的商店和办公楼排列在中心。尽管做了巨大的努力,最终仍然难以阻止卡拉马祖市商业的郊区化进程(戴志中等,2006,第26页)。因此,国内一些大城市的政府在市中心投巨资"打造"商业街区应该深刻反思。

(2)顺应商业发展过程中的行业综合化趋势。

商业街区的行业结构应是三足鼎立,以满足消费者多层次多方位的需求。所谓"三足鼎立"是指购物、餐饮、休闲娱乐在商业街中各占有相当的比例,一般是商品购物占40%,餐饮(含咖啡、茶座)占30%,休闲娱乐等占30%,形成商业街特有的市场格局。这种结构的重要优势就是可以提高商业街的吸附力,白天是游客的观光胜地,夜晚是市民的消闲娱乐场所,从功能上满足了旅游者观光、购物游览的心理和消遣、休憩、品位都市文化的精神要求,同时也为北京市民创造了休闲消费的场所(刘菲,2002)。

总之,其他国家或地区大城市的商业活动经验为北京的商业发展提供了有益的借鉴,其经验表明,城市郊区化的进程不可避免,从而城市商业活动空间结构也必将加速转换,其中蕴藏着大量的商业机会和挑战,因此,必须关注交通尤其是包括轻轨在内的快速干道交通的变化,密切关注商业活动空间结构的动态转换,顺应商业发展离心化和行业综合化的基本趋势,方能促进北京商业的健康发展。

四、北京郊区化进程中商业街区的演化与商业空间结构的优化

1. 北京的郊区化进程正在加速

从经济发展态势、人均收入水平和产业结构看,目前的北京市与20世纪50年代的美国和20世纪60年代的西欧国家的大城市存在诸多相似之处,完全具备了郊区化加速的经济基础。汽车产业和房地产业不仅成为北京市的支柱产业,这些产业出现了前所未有的爆发式增长过程,出乎绝大多数观察家的预料。汽车产业、房地产业等产业的高速发展显然是城市加速扩张和郊区化的加速器,而市区房地产价格的持续上涨和市民收入的快速增长又必然使得郊区化进一步加快。

近些年来,北京的人口郊区化现象日益显著[①]。交通条件的改良,郊区住宅的大量建造,加上北京市政府对人口和城市职能向郊区疏解的鼓励,人口郊区化进程必将进一步加速。工业和服务业的外迁速度正在加快,商务活动的外迁也初现端倪——由于北京CBD内部日益高昂的租金和日益增大的交通压力,以惠普、摩托罗拉为代表的跨国公司开始将总部从CBD搬到望京—酒仙桥地区。丰台总部基地的设立在很大程度上是适应商务活动的外迁所建。地处亦庄的北京经济技术开发区和以中关村科技园区为品牌的诸多科技园区的设立则适应了工业、服务业和商务活动外迁的需求;顺义近些年迅速发展起来的大企业(北京现代、燕京啤酒等)则在很大程度上促进了工业的郊区化进程。望京—酒仙桥、清河—回龙观、百子湾—大郊亭地区近些年来服务业的快速增长也体现出强劲的服务业外迁趋势。

2. 城区主导的格局仍然没有发生根本性变化

无论是从现有实力还是从近期的发展趋势,北京市的商业活动由城区主导的格局仍然没有发生根本性变化。仅从商业地产的增长情况来看,城

[①] 具体表现为市区人口减少,郊区尤其是近郊区人口大幅度增长。(冯健、周一星 2003)。根据北京市建委提供的数据,城区住宅面积占全市的比重由1949年的77.9%降到2000年的11.6%,而近郊区则由5.5%升至43.8%,远郊区县由16.6%升至44.6%。郊区的建设力度远远大于市区,从而北京市郊区化必然进一步加速。

区仍然在商业空间布局方面占据主导地位。

3. 北京商业活动整体上的郊区化趋势

就目前而言，虽然大量的商业资源和城市核心综合商业街区仍集中在中心城区，商业活动并未形成真正的多中心格局，这与北京市的交通、城市规划、城市建设与居住结构有着密切关系。但即便如此，商业活动和商业街区分布也开始出现明显的分散化趋势，一大批地区性商业中心正在迅速形成，有些商业街区（如中关村地区、CBD地区和朝外地区）已初步具备了挑战西单、王府井等传统商业中心街区的实力。经济发展相对落后的南城虽然综合性商业街区较少，却有相当多的特色商业街区，有些还发展得非常好，且潜力巨大（如大红门服装街和十里河家居建材街）。

由于交通的迅速改善和房地产市场的发展变化，大量的人口被逐渐疏散到相对偏远的地区，商业活动已出现明显的离心化和分散化趋势，一大批地区性商业中心正在迅速形成。北京市若干年前还属于比较偏远的地区的望京—酒仙桥地区、清河—西三旗—回龙观地区、北苑—天通苑地区、京通快速—八通线沿线地区以及通州、亦庄等已经或即将成为居住人口超过30万人的超级"社区"，如此大规模"社区"的出现，这种组团式居住格局，使得北京市简直不再是一座城市，而是许多中等城市的组合。① 这必将对目前的商业格局产生重大影响。以上超级"社区"的商业必将在最近几年内出现爆发式增长。实际上，近年来，国内外商业企业和地产商普遍看好这些地区巨大的商业潜力，这些地区将逐渐成为北京市服务业尤其是商业最有活力的地区。2006年，主要外资零售商的投资行为基本与以上新兴超级小区有关。② 另外，地产商也都非常看好以上超级小区的商业潜力。2006-2007年，北京市开业及在建大体量商业项目有相当部分集中在以上大型新兴住宅小区。

---

① 中国的很多城市人口不超过30万，欧洲一些著名城市的人口也不到30万。
② 包括沃尔玛进驻大郊亭北化购物中心（美罗城）和望京国际广场，家乐福在通州开店，易初莲花在北苑开店。万客隆在通州八里桥开店，华堂进驻望京国际商业中心，百安居进驻亦庄，宜家迁址望京新店。

当然，在城区内的商业热点地区（如西直门、金融街、CBD等地区）也有大量的在建或开业大体量商业项目。中外零售商和地产商的判断虽然存在一定的风险，但在很大程度上表明北京市的商业活动布局或许将在最近几年内发生重大变化，商业活动的格局和影响力结构将发生重大变化。地产商和零售商的投资中，四环周边和四环外的项目占大部分，东部、北部和西北部地区占据绝对优势，而东四环以及东四环外（包括通州）被商业企业和地产商普遍看好，望京地区和八通线沿线地区已成为投资中热点的热点——这也在一定程度上体现了北京城市总体规划对商业活动的重大影响——通州是北京市重点发展的新城之一，将成为中心城人口和职能疏解及新的产业集聚的主要地区。随着交通条件的迅速改善，顺义和亦庄的商业潜力也会迅速爆发，从而在很大程度上改变这些地区"有城无业"、"有城无市"、"有业无城"、"业强城弱"等尴尬局面。由此不难看到城市扩展、交通条件的改善、城市规划和政府政策对商业活动和商业街区空间结构的重大影响。

实际上，传统的商业街区的形成不仅与交通条件和地理位置密切相关，而且与商务活动结构和居住结构密切相关。当人们的商务活动和居住地围绕城市的几何中心时，商业活动和商业街区不可避免的集中于城市的几何中心。但是，当居住结构随着交通条件的改善而逐渐发生变化后，商业活动和商业街区的空间结构必然会发生变化。从过去若干年的发展来看，很多新兴的商务活动中心和住宅中心已经形成若干有影响的商业街区。如曾经作为北京最大的居住小区的方庄，已发展出比较有特色的餐饮一条街。作为重要的居住区的南三环也初步形成了木樨园商业区。中关村地区的商业街区也正在迅速形成，在不久的将来，完全有可能成为北京市一级商业活动中心。因此，我们的目光，不能过于局限于三环以内和长安街沿线的传统商业街区，从长远来看，绝大多数传统商业街区的发展潜力都将比较有限。而三环以外尤其是东四环、北五环附近和环线外有着极为巨大的商业发展潜力。

另外，我们从燕莎奥特莱斯（OUTLETS）的发展和宜家家居向郊区搬迁也能明显地看出北京市商业活动的离心化和郊区化趋势。燕莎奥特莱斯实际上已经初步具备郊区购物中心的雏形——其地理位置、停车设施的配备、商品的价格和品质都带有郊区购物中心的影子。北京目前正经历着一个住宅向郊区迁移、私人汽车开始普及的时期，而这正是郊区购物中心兴起的基本条件。① 郊区大规模折扣店和购物中心的兴起，必然分流大量优质客户，从而在很大程度上威胁着市中心的传统商业街区。同样，宜家家居向郊区搬迁也在很大程度上表明了商业活动的郊区化趋势。

4. 商业街区综合化趋势与大型购物中心崛起

近些年来，北京市的商业活动开始出现一定程度的综合化趋势，其典型表现就是大型购物中心（Shopping Mall，一般也音译为"摩尔"或"销品茂"，也简写为 Mall）的大量建设与陆续开业。所谓的大型购物中心，即在一个大型建筑物或相互毗邻的建筑群中，由一个管理机构组织、协调和规划，把一系列零售店、服务机构组织在一起，提供购物、休闲、娱乐、餐饮以及其他各种服务的一站式消费中心。位于王府井地区的东方新天地和位于东四环的燕莎奥特莱斯可以看成北京大型购物中心的雏形②，而营业面积高达 68 万平方米的金源时代 Shopping Mall 于 2004 年 10 月正式开业，宣告了集购物、餐饮、休闲、娱乐、服务等多种功能于一身的大型综合性购物中心时代的来临。③

一个大型的购物中心本身就是一个自成一体的商业街区，其独特的竞争优势就在于能够提供一站式服务。作为一种新型商业业态，Mall 不仅规模巨大，集合了百货店、超市、大卖场、专卖店、大型专业店等各种零售业态，而且有各式快餐店、小吃店和特色餐馆，另外还提供了百货店、大

---

① 同时，诸如仓储式商店之类的业态正蓄势待发，在未来不太长的时期内，这类业态的潜力必将迅速释放。从近两年的动向看，在北京，沃尔玛、家乐福、麦德龙等零售巨头早已将重点放在各新兴的住宅区，物美、美廉美等国内零售商的动作似乎更早。这些零售巨头下一步的重点将可能是广大的郊区发展仓储式、会员制、真正的廉价商店——类似于美国 20 世纪 60 至 70 年代折扣商店的风行。

② 东方新天地在刚开业的几年里的经营状况并不理想，燕莎—奥特莱斯的经营虽然相对要成功得多，但营业面积仅为 2 万平方米，所以，都只能看成是北京大型购物中心的雏形和起步。

③ 虽然金源时代 Shopping Mall 的经营状况也不是十分理想，但总的发展趋势是越来越好。

卖场无法提供的悠闲的购物享受，设有电影院、儿童乐园、健身中心等各种休闲娱乐设施。从某种意义上看，大型购物中心可以看成是传统商业街的升级版本，区别不仅在于大型购物中心的建筑物内部和建筑物之间的联系更为紧密和协调，也不仅在于所谓的"管理统一"或"产权统一"，而主要在于其功能更加完善，服务更有深度，流通力也更为强大。

到目前为止，已经开业的绝大多数大体量商业项目的经营业绩并不太理想，因此有部分学者并不看好大型购物中心，然而，一站式购物休闲体验式消费本身却代表着不久的将来的发展趋势。从各个已经或即将开业的大型购物中心已经吸引的大量零售企业看，大型购物中心的大量出现或许不应仅仅看成是房地产开发商的一厢情愿。实际上，包括西单、王府井、崇文门、CBD、中关村、金融街、西直门和东直门等主要商业街区，都开始已经或即将出现大型综合性购物中心或超级百货店，甚至连回龙观、天通苑这些相当年轻的新型区域也开始出现大型购物中心（见表1）。虽然目前很难说将来北京商业业态的发展主流是否会朝着超大型综合购物中心的方向迈进，但目前如此多的大型购物中心的出现应该不能仅仅看成是试探性的，而在很大程度上与地产商、商业企业以及消费者各方对该业态的认可程度有关。

表1　北京市已开业或即将开业的主要购物中心一览（截至完稿前）

开业时间	项目名称	大致区位	基本定位	面积（万 m²）
2001 年	东方新天地	王府井	购物中心	10
2002 年	燕莎—奥特莱斯	东四环	购物中心	2
2004 年	金源时代 Shopping Mall	西北四环	购物中心	68
2006 年	中关村广场购物中心	中关村西区	购物中心	20
2006 年	红星美凯龙大郊亭店	东四环	大型专业型购物中心	10
2006 年	望京国际商业中心	望京	一站式购物广场	5.4
2007 年	银座 Mall	东直门	购物中心	3
2007 年	北店时代广场	回龙观	购物中心	9.12

续表

开业时间	项目名称	大致区位	基本定位	面积（万 m²）
2007年	龙德广场	天通苑	购物中心	24
2007年	美罗城	东四环	百货与购物中心	15
2007年	嘉茂购物中心	西直门	购物中心	9
2007年	新光三越百货	CBD	高档时尚百货	18
2007年	金融街购物中心	金融街	购物中心	8.9
即将开业	大钟寺国际广场	西北三环	不详	21
即将开业	西单Mall	西单	购物中心	11

资料来源：作者根据互联网相关资料整理。

5. 商业空间布局的优化：多中心格局正在形成

《北京城市总体规划》（2004—2020年）提出了多中心格局的空间发展战略，在《北京市"十一五"时期商业发展规划》中，更是明确地提出了"加强本市不同区域商业发展和布局的分类指导，规范提升首都核心区商业，健全完善城市功能拓展区商业，加快发展城市发展新区商业，配套建设生态涵养发展区商业，形成符合区域功能定位的商业体系"的商业布局总体思路。①总的来说，在"十一五"期间将建设数十个区域性商业中心。该规划正确地指出必须发展新城并强化特色。从当前的发展趋势看，商业的多中心格局有逐渐形成的趋势。近些年来，在过去曾经比较偏僻的郊区开业的商业项目呈爆发式增长，与城区基本持平。

商业基础一贯薄弱的望京—酒仙桥、立水桥—天通苑、回龙观、东四

---

① 根据该规划，在城市功能核心区，王府井、西单、前门—大栅栏等商业中心仍然作为一级商业中心加以规划，东四隆福寺、东直门、北京站、新街口、马甸、西直门、阜成门、复兴门外、动物园、崇文门外、宣武门外、广安门内等则作为区域商业中心加以规划；在城市功能拓展区，商业设施尤其是大型现代商业设施建设向东部、东南部倾斜，并整合现有设施，新建若干商业中心，加快建设中关村、商务中心区（CBD）、奥运村等三个功能区配套商业；在城市发展新区，建设发展中等规模的商业中心，形成以各商业中心为主体的"大集中、小分散"的布局，并推进顺义、通州、亦庄等重点新城商业与新城建设同步发展。

环、通州新城等地区，在近年来也出现了商业项目大量投入运营的爆发式增长行情。望京—酒仙桥地区在不久的将来将形成四个主要商业板块：宜家家居—家乐福—大中电器为核心的东北四环商业板块；望京国际商业中心—嘉美风尚—方恒国际中心组成的望京东南部商业板块；望京购物中心—沃尔玛及周边商业组成的望京中部商业板块；博泰国际—丽景新贵商业部分组成的望京北部商业板块，总商业面积将达到60万平方米。另外，大体量商业项目龙德广场以及明天第一城商业都使得立水桥—天通苑地区具备了区域性商业中心的潜力。东四环区域的商业更是在2006-2007年间集中放量70万平方米，基本上奠定了今后东四环地区商业中心的格局（李军，2007）。

虽然如此，北京市商业布局仍然存在一定的结构性矛盾。大型商业项目于近年来在北京市西北、北部和东部地区集中放量的场面在北京市南部和西南部非常少见，这些地区的商业设施仍然比较薄弱。

6. 基本逻辑：城市扩张与商业空间结构的演进

人类生活的基本活动无非衣食住行。如果用"衣食"代表商业活动的话（当然衣食只是现代商业活动的一个部分，在现代商业活动中，除了衣食和其他商品的购买外，更包括了休闲、娱乐、体验、旅游和其他服务等），那么，衣食的基础则在于"住"和"行"，即居住和交通。在笔者看来，一个最基本逻辑是，"行"（交通条件）的改良导致"住"（居住格局）的改变，同时"住"的改变也逐渐导致"行"的改良（通过多种渠道的抱怨和呼吁机制），最后，"行"和"住"的改变将共同导致"衣食"行为的改变。

（1）交通条件与居住格局之间的相互影响。

城市市民最关心的问题，除了收入和就业之外，就是交通、居住和购物。交通条件和居住格局之间有着强烈的相互影响，两者均导致商业活动和商业街区结构的变动。

交通条件影响房地产开发和住房购买结构，从而影响居住结构。另一方面，居住结构又对交通条件发生一定的影响——通过人大代表、政协委员、新闻记者、网络、专家等渠道和机制进行呼吁，给政府相关部门施加日益增加的压力，迫使交通改善的步伐加快，而交通条件的改善又进一步的促进了房地产的开发和居住结构的变化。

北京市的居住结构在长达几十年的时间内演变相对较慢，其原因主要在于两个方面：一是公有住房体制没有改革或没有到位；二是交通条件的变化相对缓慢，尤其是轨道交通发展的速度太慢。随着住房体制市场化改革的逐步到位，随着交通条件尤其是轨道交通的迅速扩展（见图2），必然导致房地产格局和居住格局发生根本性变化。显然，目前北京市的居住结构正处于加速转变的过程中。

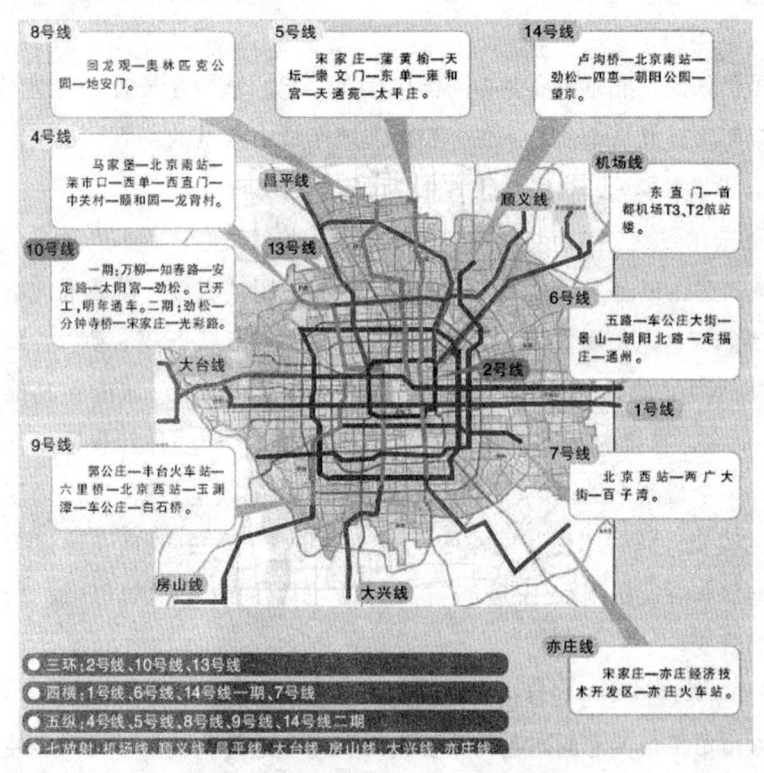

图2 北京市轨道交通规划示意图

（2）交通、居住格局与商业活动的空间结构。

随着交通条件的改良和居住迅速向郊区扩展，北京市已涌现出一批超大规模的新兴居住区，这种格局必将对原有的商业布局产生革命性影响。历史上，欧美国家的郊区化趋势就在很大程度上改变了城市中心区商业活动和商业街区的发展模式，甚至还导致了某些城市中原来非常成功的步行街陷入衰落。这是我们在规划商业街区的过程中需要加以考虑的，因为未来城市居民居住结构的变动将是不以任何人的主观意志为转移的。有人认为中国的发展不会像欧美那样，中心城居民的收入状况和购买力要好于郊区，实际上，这种情形正在逐渐发生变化，中心城有相当多居民的收入水平实际上处于偏低水平，而在新兴居住区居住着有巨大购买潜力和购买欲望的年轻群体。①

随着将来交通条件的进一步改善，随着北京市房地产进一步向郊区发展，随着市中心房价的进一步高涨，越来越多的新兴小区将在远离市几何中心的地区出现，从而将在新兴小区至少出现一系列地区性的商业街区和商业活动中心，造成城市几何中心的影响力不可避免的下降和衰落。轨道交通的加速建设将使以上进程逐渐加快。近年来，中外商业企业尤其是零售商高度看好四环以外的郊区商业，地产商也在四环、五环外投入巨额资本从事商业地产开发，足以表明这些地区的商业价值之所在。这些小区的规模不仅超级庞大，而且吸引了一大批中产阶级和年轻人入住，只要经济不出现明显的衰退，就必然意味着大量的购买力。另外，超市、白货、餐饮、娱乐、酒店、商务活动等将陆续发展起来，一些小区必将形成相当规模的商业街区。

五、关于商业街区空间结构的政策建议

从总体上看，北京市的商业设施总量不断增长，服务水平不断提高，业态不断创新，商业街区和商业空间结构正在不断优化，部分商业街区的特色正在强化，中心城区的商业不断调整，郊区尤其是部分新兴近郊区的

---

① 只需要在地铁 13 号线和八通线的列车上观察乘客的年龄结构，就可以很容易得出这一结论。

商业获得了迅猛而长足发展，商业郊区化和综合化趋势日益显著，多中心格局正在形成，基本上符合北京市既定商业发展规划。

然而，北京市的商业街区和商业空间结构仍然存在一些问题。必须在郊区化的大背景下看待商业街区与空间结构问题。大城市的郊区化是全球范围内的趋势，北京市正在经历郊区化加速的阶段，而商业街区与商业空间结构问题必须放在郊区化这一大背景下加以探讨。正如上文所析，北京的郊区化并非无可挑剔，而是出现了一系列困境，而产业基础过于薄弱（以商业为例，城市郊区的商业经营面积虽然有了长足的增长，但商业的发展仍过于滞后）、交通发展高度滞后和基本公共服务严重欠缺是城市加速扩张进程中出现诸多困境的根本原因。

1. 促进郊区商业发展，达成城市全面和谐

必须承认，由于在规划时没有充分考虑郊区居民巨大的消费需求，直接导致了新城和郊区（包括近郊区）商业和服务业的设施严重滞后。实际上，望京、回龙观、天通苑、北苑、清河、西三旗、百子湾等地区的消费能力足以超过大多数中型城市，因此，近年来这些地区服务业和商业地产出现的看似爆发式增长的过程并非商人的狂热，也并非如有些专家所言的市场非理性和无序，更是一种痛定思痛和亡羊补牢的举措。因为只要有大量的人口聚集，就必然形成大量的服务业发展机会，就必然会有大量的服务业投资和商业活动的快速形成。北京目前正经历着一个住宅向郊区迁移、私人汽车普及的时期，而这正是服务业尤其是商业郊区化加速的基本条件。应采取税收、土地等方面的优惠等措施强化新城和郊区的产业基础，一方面促进中心城区的制造业和服务业向新城和郊区转移，另一方面鼓励新城和郊区的创业和新设企业的发展，以达成居民在居住、就业和购物休闲方面的平衡。[①] 其中，商业的发展扮演着非常重要的角色。

应顺应城市加速扩张的大趋势，通过在新城和郊区鼓励发展以商业为

---

① 在此基础上，郊区的吸引力才可能有实质的增长，才能真正起到疏散人口和产业的作用，由此方能建成真正的宜居城市，不仅是市区的宜居，同时也是郊区的宜居，更是有助于整个城市在就业、居住、交通、社会服务等诸多方面达成和谐。

代表的服务业来促进城市整体经济空间结构的不断优化，也促进城市产业的和谐。必须着眼于不同产业间的分工与协调，着眼于商业从简单"配套"角色到"提升"、"带动"和"拉动"作用的转变，切实实现商业由配套产业到支柱产业的转变，这一点在大型城郊居住区尤为重要。目前这些大型居住区基本上缺乏相应的产业基础，很多居住区成为纯粹的"卧城"；而有些功能相对单一的"产业区"又由于缺乏其他产业和其他功能的和谐配套，成为纯"产业城"。这些本应作为北京市有机组成部分的地区，目前却处于种种尴尬格局之中，必须依靠以商业为核心的服务业的健康发展方能打破局面，方能实现各个城市功能区的内部协调和区际协调，也才能实现整个城市的协调。服务业尤其是商业的发展实际上也是缓解北京市交通压力的重要方案。修建道路—增加汽车购买—增加道路修建—再增加汽车购买这样的恶性循环在新的居住区缺乏相应的产业支撑的情况下是必然要产生的，而且居住区的规模越大，问题也就越严重。以商业为代表的服务业的快速发展，既符合北京市的城市定位，也符合和谐社会的建设要求，也更符合节能降耗减排之要求（徐振宇，2007）。城郊商业的高速发展，对于城郊的社会经济生态也有莫大的好处。作为劳动密集型产业的批发、零售、餐饮等商业的发展本身就可以解决大量人口的就业问题，可以适应很多人新城和郊区居民就近转换职业的需要，有利于缓解交通压力，全面提高新城和郊区居民的工作和生活质量，从而可以使新城和郊区更为和谐。

2. 强化政府责任，缓解城市加速扩张中的困境

大城市在加速扩张和郊区化进程中出现了诸多困境，于是严格限制大城市发展的意见开始流行，甚至还对决策层产生了不容忽视的影响。大城市流动人口数量的不断增长，房地产价格不断飙升，交通日益拥挤，各种基础设施严重不足，种种迹象似乎都进一步地"确证"了"严格控制"论的观点的正确性——若不加紧控制，以上问题将更严重。然而，此种意见看似有理，实则荒谬。城市的最优规模，主要不是政府规划的结果，而是城市内外的民众选择和演化的结果。实际上，政府的严格控制只能使问题

变得更为糟糕。城市所面临的种种难题只有在城市的不断发展中才有可能得到良好的解决。为了适应城市快速健康发展的需要，政府必须在郊区和新城建设中承担更多的必要责任，在交通、基础教育、基本医疗保健、治安、绿化、市政等方面增加投入，同时采取切实措施鼓励服务业和制造业向郊区转移。

3. 着眼城市未来，优化商业布局空间结构

由于城市郊区化的高速推进，必须着眼于城市未来商业发展和空间布局。城市空间拓展的一般规律往往是人口和居住先行，在达到一定的规模后，商业等服务业才开始进入，因此，商业设施的建设往往在某种程度上滞后于其他城市功能。因此，零售商业活动的时滞性决定了在郊区化的过程中预留足够的商业发展用地的重要性——在这一点上，回龙观文化居住小区做得相对比较到位。如果将一些新兴住宅区的商业规划为社区商业，没有考虑到这些地区将来巨大的发展潜力，将来无疑会浪费很多宝贵的商业机会。因此，预留足够的商业用地和解决可能出现的交通问题，引导商业合理健康发展。

从以上方面看，北京市过去若干年来最重大的失策在于以下几点。第一，在很大程度上忽视了轨道交通和城市快速公交系统的重大意义，轨道和城市快速公交系统建设的速度过于缓慢，政府也在很大程度上忽略了在新型郊区提供合格的基础教育、基本医疗保健、治安、绿化、市政等方面的责任，导致城市化机会的浪费和商业机会的浪费，也在一定程度上造成目前房地产的结构过于集中于四环、五环以内，组团式发展没有很好的实现，从而也在很大程度上导致了目前整体房价水平持续快速上涨的局面。第二，忽视了城市在向郊区高速扩展过程中的产业配套尤其是商业和服务业的配套与协调，从而引发诸多产业生态恶化的"问题小区"大量存在。第三，将一些大型的新型居住区的商业规划为社区商业，这是典型的静态视角。现在必须亡羊补牢，必须加快城市轨道和快速公交系统的建设步伐，强化政府在提供各种基础教育、基本医疗、治安等准公共物品方面的责任，促进城市郊区商业和服务业的发展。

参考文献

[1] [美]昂德希尔. 大卖场：摩尔改变生活 [M]. 崔晓燕，译. 当代中国出版社，2005.

[2] 北京市政府. 北京城市总体规划（2004－2020）[S].

[3] 北京市商业委员会. 北京市发展特色商业街办法（试行）[S].

[4] 北京市商务局. 北京市"十一五"商业发展规划 [S].

[5] 曹嵘，白光润. 城市交通的零售商业区位效应探析 [J]. 上海师范大学学报（自然科学版），2002（9）.

[6] 陈雪明. 美国城市化和郊区化回顾与展望 [J]. 国外城市规划，2003（1）.

[7] 戴志中，等. 国外步行商业街区 [M]. 南京：东南大学出版社，2006.

[8] 冯健，周一星. 近20年来北京都市区人口增长与分布 [J]. 地理学报，2003(6).

[9] 顾朝林，等. 经济全球化与中国城市发展——跨世纪中国城市发展战略研究 [M]. 北京：商务印书馆，2000.

[10] 洪涛. 商业街用特色——迎接"体验消费"浪潮的到来 [M]. 流通基础产业论——理论与案例 [M]. 北京：经济管理出版社，2004.

[11] [美]科特金. 全球城市史 [M]. 王旭，等译. 北京：社会科学文献出版社，2006.

[12] 孔祥智. 世界其他一些国家卫星城建设的特点及对我国的启示 [OL]. 2005. http：//www.bjpopss.gov.cn/bjpopss/cgjj/cgjj20051107.htm.zh

[13] 孔祥智. 从世界各大城市卫星城的发展看卫星城理论的争议 [OL]. 2003. http：//www.bjpopss.gov.cn/bjpopss/cgjj/cgjj20030304.htm.zh

[14] 李飞. 世界一流商业街的形成过程分析 [J]. 国际商业技术，2003（5）.

[15] 李红梅. 美国城市郊区化简论 [J]. 北方论丛，1998(3).

[16] 李军. 2007 年北京商业地产杀入招商开业战国年［OL］. 2007-5-16. http：//blog. soufun. com/5145482/22915/articledetail. htm

[17] 李雄飞，等. 国外城市中心商业区与步行街［M］. 天津：天津大学出版社，1990.

[18] 刘菲. 国外著名商业街比较分析［J］. 北京工商大学学报（社会科学版），2002(5).

[19] 刘菲. 首都商业地产研究［D］. 北京市哲学社会科学首都流通业研究基地：首都流通业研究报告. 北京：同心出版社，2006.

[20] 罗保平，张惠岐. 前门·大栅栏［M］. 北京：北京出版社，2006.

[21] ［美］芒福德. 城市发展史——起源、演变和前景［M］. 宋俊岭，倪文彦，译. 北京：中国建筑工业出版社，2005.

[22] 秦尊文. 小城镇偏好探微——兼答陈美球同志之商榷［J］. 中国农村经济，2004(7).

[23] 孙群郎. 美国现代城市的郊区化及其特点［J］. 社会科学战线，2002(6).

[24] 孙群郎. 美国城市郊区化研究［M］. 北京：商务印书馆，2005.

[25] 王永斌. 北京的商业街与老字号［M］. 北京：北京燕山出版社，1999.

[26] 王红. 老字号［M］. 北京：北京出版社，2006.

[27] 仵宗卿. 北京市商业活动空间结构研究［D］. 北京大学博士论文，北京大学图书馆，2000.

[28] 仵宗卿，柴彦威. 论城市商业活动空间结构研究的几个问题［J］. 经济地理，2000(1).

[29] 仵宗卿，戴学珍. 北京市商业中心的空间结构研究［J］. 城市规划，2001(10).

[30] 厦门市城市规划设计研究院. 厦门商业网点发展规划［C］. 2003(4).

[31] 徐淳厚. 商业策划［M］. 北京：经济管理出版社，2002.

[32] 徐振宇. 北京郊区新城呼唤商业"和谐"[N]. 中国商报, 2007-8-24.

[33] 徐振宇, 兰新梅. 北京的郊区化困境与服务业发展机遇[J]. 北京社会科学, 2008(3).

[34] 许学强, 周一星, 宁越敏. 城市地理学[M]. 北京: 高等教育出版社, 1997.

[35] 薛领, 杨开忠. 基于空间相互作用模型的商业布局——以北京市海淀区为例[J]. 地理研究, 2005(2).

[36] 杨吾扬. 北京市零售商业和服务业中心和网点的过去、现在和未来[J]. 地理学报, 1994(1).

[37] 张文忠, 李业锦. 北京市商业布局的新特征和趋势[J]. 商业研究, 2005(8).

[38] 中国城市规划学会编. 商业区与步行街[M]. 北京: 中国建筑工业出版社, 2000.

[39] 邹毅, 刘力. 北京近郊区域商圈全面升级[J]. 中国商贸, 2007(9).

[40] Dennis R Judd, The Politics of American Cities: Private Power and Public policy [M]. Boston: Little Brown and Company, 1979.

[41] Vance, J E, Jr, The Continuing City [M]. John Hopkins University Press, Baltimore, 1990.

[42] Whitehand, J W R, The Making of the Urban Landscape, Blackwell [M]. Oxford, 1993.

北京文化休闲商业街区研究

文化休闲商业街区是首都商业兼游憩活动的重要载体,其繁荣发展对北京实现文化名城、国际城市和宜居城市具有重大而深远的影响。本章以北京最具影响力的三个文化休闲商业街区南锣鼓巷、三里屯、后海为例,剖析它们的成功经验和不足,以期为当前北京文化休闲类商业街区的生存与可持续发展提供有益的参考与借鉴。

一、研究背景与目的

改革开放近30年来,我国城市化水平由新中国建立时的10.6%提高到了42.99%(2005年底),预计到2020年,我国城市化水平要达到58%左右。随着城市化水平的提高,商业街已渐渐成为城市建设和经营中的一个热点。[1] 同时,随着休闲经济的发展,我国休闲消费需求大幅增长。因此人们不仅要求商业街具备传统的购物功能,而且对商业街区的环境提出了更高的要求,逐渐向多样化、休闲化发展。当休闲成为消费的主题,它就不仅具有了经济和商业意义,同时还具有了重要的人文和社会意义。这个新的消费需求,不仅仅体现在人们对物质产品的需求上,更多的是体现在人们对文化精神和社会认同的需要上。迎合这种需求的发展,各类不同特色的文化休闲街区迅速出现在我国各大城市。然而休闲街区的剧增,带

---

[1] 刘彩琴,朱文艳. 我国商业街现状分析 [J]. 科技情报开发与经济, 2008, 18(8): 112–113.

来了很多问题，如经营特色的同质化，不能满足休闲消费需要的文化精神以及休闲概念模糊等。对于文化休闲商业街区来说，人、商业、建筑、文化、休闲几者是相互作用的互动关系，其相容程度预示着文化休闲商业街区设计水平的高低，进而决定着其繁荣兴衰及影响着城市的形象。北京的南锣鼓巷、三里屯、后海，作为开发较早且闻名遐迩的文化休闲商业街区，在其整体定位、文化传承上较为成功，且经营具有一定的商业特色。随着北京城市的发展变革，它们的特色经营在保持自己底蕴的基础上不断适应时代的发展，吸收着外来的精华，成为繁华之都的城市亮点。它们的可持续发展，对于体现北京城市特色，传承北京文化具有积极的意义。因此对其特色经营的研究及运用就有了现实的意义。

本章的研究目的在于通过研究北京具有代表性且经营较早、较为成熟的三条特色文化休闲商业街区——南锣鼓巷、三里屯、后海的成功经验和不足，为北京文化休闲商业街区的生存与可持续发展提供了一些建议，同时也为北京文化休闲商业街区向国际化迈进提供一定的借鉴。

二、文献回顾

1. 文化休闲商业街区内涵

对于商业街的界定，目前理论界分两种情况：一种是综合商业街，其特点是功能全、品种多、零售业态多，规划科学。另一种是专业商业街，也称为特色商业街，它是指在商品结构、经营方式、管理模式等方面具有一定专业特色的商业街。[①] 其特色往往是指该街道中各商家的一种共同性特征，如售卖同一类商品，或反映一地的文化。而随着城市化的推进，第三产业对于推动城市发展的重要性逐渐显露出来，特色商业街所具备的单纯的商业功能已不能满足社会进步的需要，为了可持续发展，特色商业街区的功能随着城市化的推进以及社会、经济、文化功能的变化而不断更新

---

① 费明胜. 商业街的困境与创新 [J]. 北京工商大学学报（社会科学版），2003, 18 (6): 8-10.

发展和丰富。其主要体现在街区特色内涵不断更新的动态过程。由于休闲消费需求不断提高以及城市发展的需要，特色商业街的特色内涵由最初单一的商业特色逐渐向购物、旅游、休闲、娱乐、文化特色演变，其功能也随之转化。由此文化休闲商业街，即文化休闲商业街区的概念诞生。

综上所述，文化休闲商业街区概念源自于特色商业街的细分，而特色商业街是一个在商业街的概念基础上衍生出来的。基于上述认识，可知文化休闲商业街区是现代城市步行街、商业街的一种发展趋势，是步行街在形式上的进一步拓展和内涵上的进一步延伸，是那些或建于有历史遗迹的地段，或依托于有文化底蕴的建筑，以其独特的魅力，为旅游者提供一个融购物、娱乐、休闲于一体的场所。[①] 它也是城市中以体现城市文化的休闲与商业服务（饮食，娱乐，交往等）为主的各种设施集聚的特定区域，是城市休闲系统的重要组成部分。[②] 实际生活中，文化休闲商业街区通常会兼具商业中心、娱乐中心、时尚中心、旅游景点等多重角色，具有鲜明的人文气质和独特的文化魅力。对其内涵进行深入剖析，我们不难发现，文化休闲商业街区构成的表现形式有两种：一种是外在形式，也就是指空间环境中的物质方面；另一种是内在形式，即精神方面，也就是空间环境中的休闲体验与文脉。文化休闲商业街区更加强调基于文化的休闲功能，而不只是商业功能。

2. 文化休闲商业街区、文化、特色三者的关系

休闲街的生命力在于特色，而特色要以文化为基础，文化作为一种软实力，是营造休闲氛围、吸引消费者、促进休闲商业街区发展的灵魂。[③] 所以文化是休闲商业街区之魂、之本，也是休闲商业街区发展的核心所在。随着时代的发展，传承传统文化之底蕴，取外来文化之精华，丰富现代文化之内涵，和谐共进，突显时代特色，这才是文化休闲商业街区持续

[①] 刘云. 当代中国文化休闲街区规模发展的模式探索：以1912文化街区为例 [J]. 艺术百家，2011（3）：90-93.

[②] 刘颂，王雪君. 上海旅游文化街区的个性打造 [J]. 上海城市规划，2006（6）.

[③] 严国泰，汪瑾. 休闲文化街规划建设的思想基础研究 [J]. 上海城市规划，2009（3）：24-26.

发展的动力所在。毫不夸张地说：休闲事业只有同休闲文化结合起来，才能焕发出无穷的魅力和经久不衰的生命力。

三、大都市文化休闲商业街区现状分析

1. 大都市文化休闲商业街区发展现状

近年来，随着城市化的推进，商业消费需求的提高，发展商业特色街区已经成为我国城市商业建设的重要内容。据统计，截止到2009年，我国商业步行街总量超过3000条。[①] 特色街区已经成为城市经济与文化发展和形象提升不可或缺的重要组成部分。随着生活水平的提高和消费需求的多元化，特色街区功能正在不断地增加和丰富。特别是以原有的风貌、文化、民俗等为基础，以休闲消费为特色，体现城市文化和品味，具有购物、餐饮、休闲、旅游等一种或多种功能特质的开放式文化休闲商业街区，在近几年更是借助不同的文化特色，似雨后春笋般出现在全国的大小城市，如北京的南新仓文化休闲商业街区，上海的新天地、沪文化休闲商业街区、多伦路文化名人街，成都的宽窄井巷子，焦作的"新东·焦作1898"等。这些文化休闲商业街区一般规模不大，多秉持自身特色，局限于当地发展。[②] 然而在文化休闲商业街区的发展过程中，却是几家欢喜几家愁，潮起潮落变化无常。面对文化休闲商业街区发展中的困境，一些早期发展比较成功的休闲商业街区积极尝试以不同的途径去突围，使其得以恢复昔日的辉煌。

随着人们生活水平的提高和可支配闲暇时间的增多，大都市里的人们需要一些场所在放松、娱乐的同时又可以享受到购物的快乐和文化的熏陶，文化休闲商业街区的存在恰逢满足了人们的这些需求，因此备受青睐，也因此文化休闲商业街区的建设和发展成为现代城市规划发展中最被看好的展现城市文化魅力的重要空间。北京作为国家首都、文化中心、历

---

① 吴俊．城市商业特色街区的功能演化研究［J］．江苏商论，2010（11）：3-5.
② 刘云．当代中国文化休闲街区规模发展的模式探索：以1912文化街区为例［J］．艺术百家，2011（3）：90-93.

史文化名城，其文化休闲商业街区的存在和繁荣对北京的经济发展与文化传承更是具有不容忽视的重要影响。北京自1990年到1998年，拆除危房420万平方米，[①] 之后开展了大规模的危房改造，直至2004年，北京大规模旧城改造工作才基本结束。在这一过程中，一些特色街区在延续历史文脉的同时，适应了新的城市需求，重新焕发出街区活力，例如前门大栅栏、天桥、三里屯、南锣鼓巷、后海、鼓楼等。它们应时代发展、城市发展的要求，以原有的风貌、文化等为基础，以休闲消费为特色，找到了属于自己的特色经营模式，成为北京建设中国特色世界城市和展示北京国际时尚文化价值的一张亮丽名片。

2. 北京文化休闲商业街区的发展对北京城市建设的作用

文化休闲商业街区是城市居民与游客休闲、购物、娱乐的汇集地，是城市经济发展的活力象征，也是城市的品牌象征。北京作为国际化大都市首先应是繁华之都，应该拥有着众多的城市亮点，而文化休闲商业街区正是使北京不失活力与魅力的亮点之一。北京作为国家首都、历史文化名城，其文化休闲商业街区的存在和繁荣为北京的经济发展与文化传承，打下了深厚的基础，同时对城市形象的塑造、树立城市品牌、提升城市竞争力具有极其重要的作用。特别是在保护街区古文化的基础上有所创新，以休闲消费为特色，体现城市文化和品味的文化休闲商业街区更像是一张城市名片，展现着北京迷人的风采。

中国的城市里，广场是纪念碑式的，街区花园越来越形式化，并且大多数成为老年人活动的场所，真正代表城市文化的人群并没有合适的汇聚地。而文化休闲商业街区存在，为北京的市民阶层提供了一个这样的理想空间，让他们能把休闲时间放在这里，享受休闲的气氛，而不单是购物。

北京文化休闲商业街区是都市产业链条的重要节点。文化休闲商业街区的特色经营吸引了大量的国内外游客来京购物、餐饮、休闲、娱乐，庞大的客源对相关产业的发展起到了极大的拉动作用。特色文化休闲商业街

---

① 方可，当代北京旧城更新 [M]．北京：中国建筑工业出版社，2000.

区，就像一张无形的大网，将北京市的文化商业、娱乐休闲的中心串联在一起。以特色文化休闲商业街区为轴心形成的商圈带动城区之间区域经济的发展；以特色文化休闲商业街区为轴心形成的商业圈，以其规模优势、品牌优势、整合优势，不仅极大地发展了北京的消费品市场，推动了城市消费的增长，更辐射到整个周边地区。① 因此文化休闲商业街区的繁荣发展，不但会促进街巷商业效益的发展，还会因其辐射联动效应，促进周边地区的经济发展。在良性的微循环发展下，文化休闲商业街区与其相关产业最终会形成串珠呈线、连线成面、相互促进的和谐格局，从而提升北京市的整体经济实力及竞争力。

文化休闲商业街区是延续城市文脉的载体，同时文化休闲商业街区的发展又会加深历史的沉淀。可以说文化休闲商业街区积淀最深的是文化。这里是一个饱含时代记忆的地方，它延续了一个个传统的生活场景和文化氛围，具有特定的含义和理解，是过去时代与今日文明的共同交织体，它是现代城市的精神寄托。② 这里有太多的文化遗产、名人遗迹、历史传说，其无形资产的价值往往难以估量。因此促进文化休闲商业街区的可持续发展，就是对北京城市文化及历史文化的传承。

综上所述，北京文化休闲商业街区的完善与发展是满足北京城市居民及游客休闲消费需求的必然之举，是北京建设成为文化名城、中国特色世界城市和宜居城市的重要组成和有力注脚。

四、案例分析

1. 历史回顾

（1）南锣鼓巷历史简介。

南锣鼓巷位于北京东城区的西部，紧邻中轴线东侧，北起鼓楼东大

---

① 侯晓情. 北京特色商业街发展动力研究 [J]. 全国商情（理论研究），2010（21）：17 - 18.

② 林云华. 街市的传奇，文脉的传承：商业街的回顾与展望 [J]. 山西建筑，2004，30（12）：14 - 15.

街，南止地安门东大街，全长786米，宽8米，是与元大都同期建成、具有740多年历史的古老街巷，以南锣鼓巷为主干，向东西伸出对称的胡同各8条，16条胡同有序排列，呈鱼骨状，俗称"蜈蚣街"。又因为该地区中间南高北低，像倒扣的罗锅，所以称"罗锅巷"，谐音锣鼓巷。它是典型的元代建筑格局。明清以来，这里居住过许多达官贵人、社会名流，从明朝将军到清朝王爷，从文学大师到画坛巨匠。可以说，这里的每一条胡同都留下了历史的痕迹。南锣鼓巷是当今我国唯一完整保存着元代胡同院落机理、规模最大、品级最高、资源最丰富的棋盘式传统民居区。据了解，这里所保留下来的古建筑包括元、明、清以及民国时期，各式门墩、抱鼓石、门楼、影壁、雕花、砖瓦，以及胡同街巷，构成当地独特的胡同和四合院文化。但是，由于历史的变迁，人口众多，居民居住空间狭小，环境卫生较差，在几年前还是一条十分破旧、狭窄、满眼是"架空线"的小胡同。2005年开始，东城区交道口办事处根据本地区实际，以"大都之心、元生胡同、民居风情、创意空间"为南锣鼓巷建设的发展定位，依托戏剧等演艺文化资源优势，将保护文物和非物质文化遗产、推动文化产业繁荣发展与改善民生有机地结合起来，走出了一条科学发展之路，将南锣鼓巷打造为集休闲旅游、时尚购物、文化创意为一体的特色街，形成了一处受到国内外游人"热捧"的"京城新名胜"。[①]

(2) 后海历史简介。

后海是什刹海的一部分，为了与北海、中海、南海前三海有所区别，前海、后海、西海三块水面统称为后海。后海距今已有700多年的历史，从元代起这里就是繁华的商业区，是当时漕运的终点，那时沿岸处处是酒楼歌台、商肆作坊。因此被称为"北京古海港"。后海附近不仅有钟鼓楼、广化寺这样的建筑、古迹，而且有宋庆龄故居、郭沫若故居、梅兰芳纪念馆等名人故居；恭王府、顺亲王府、涛贝勒府这样的豪宅大院；大小金丝

---

① 吉子. 梦回"元代胡同"：北京历史文化街区南锣鼓巷游记 [J]. 中国建筑信息，2010 (9)：31-33.

胡同、鸦儿胡同、白米斜街、烟袋斜街、甘露胡同、大小石碑胡同等北京的市民文化……①

如果说黄河文化孕育了中华文明，那么在北京，什刹海（如今的什刹海包括前海、后海、西海（积水潭）和周边地区）就是滋润、造就北京文化形成与发展的宗源。与中南海等皇家园林不同，什刹海是一座属于平民百姓的城市乐园，得天独厚的自然环境和与时相沿的人文氛围，是几百年间的什刹海始终赋纳着闲逸而不失健全，清雅而不失热烈的人气。②

（3）三里屯酒吧街历史简介。

北京三里屯是个很出名的地方。据说100多年前，它因北京城墙外三里的屯兵处而得名。建国后，这里被划为第二使馆区，驻有数十个国家的使馆，其余主要是民居。改革开放后，这里的新元素当属酒吧了。三里屯酒吧街的第一家酒吧，是1995年开业的"云胜（Swing）酒屋"。1995年到1998年，三里屯北路的西侧是服装市场，而东侧的一排店铺中，除了"云胜"是酒吧外，做什么生意的都有。可没过多久，"云胜"就成了街上为数不多的赚钱买卖。榜样的力量是无穷的，此后周围的酒吧像长蘑菇似的冒了出来，酒吧街被逐渐叫响。三里屯是北京最著名的涉外地区之一，常驻的外国人就有几千人。他们需要一个花费不大，环境适宜社交和休闲的公共场所。而酒吧街从一开始在市场定位上就具备了这样的特点。有了发达的路网、适宜的外部环境、完善的配套设施、相应的消费群体、独特的时尚休闲氛围，构成多姿多彩的酒吧街也就不足为奇了。随着酒吧街知名度的不断提高，国人也开始接受酒吧那种无拘无束、轻松和谐的文化氛围，加之生活水平的不断提高，更使人们对健康的夜生活心驰神往。据三里屯街道调查，到2003年在常来三里屯酒吧的客人中，外国人的比例已经降到了30%左右，国人成了酒吧的消费主流。③

从20世纪80年代开始，短短10年间，在3000米的范围内，集中了

---

① 张君，于磊. 什刹海寻找老北京记忆的地方 [J]. 中国经贸，2008（11）：92-95.
② 晓沙. 什刹海（一）——紧临皇城的百姓时尚 [J]. 台声，2007（10）.
③ 郭冲，三里屯：打造国际时尚文化街区 [J]. 前线，2010（12）：58-58.

北京市约70%的酒吧。比之北京市其他区域，它似乎具备得天独厚的条件：在洋人聚集的区域，自然容易孕育发展他们喜爱的消费方式来。然而酒吧并不仅是提供一种消遣那么简单，它也潜移默化地影响这一区域，乃至这一城市的其他方面。三里屯区的"功能"原本很单纯，一曰使馆，二曰民宅，商业发展受到较强的限制；而酒吧街横空出世诱发和带动了其他零售、餐饮、娱乐等相关行业，使商业的成分和比重大大增加，很大程度上改变了整个区域的功能、产业、经济和城市发展模式。酒吧街提升和扩大了三里屯的吸引力、影响力和知名度，众多符合地区产业发展特色的项目——三里屯Village、盈科中心、三里屯SOHO等纷至沓来，而三里屯的繁荣和发展又为三里屯酒吧街提供了生存和上升的空间。①

2. 经营现状

（1）南锣鼓巷经营现状。

2009年调研数据显示，南锣鼓巷集聚各类商户128家，商户集中从事如下三类行业：第一，销售工艺品、服装饰品，共57户，占比38%；第二，咖啡厅、酒吧，共35户，占比23%；第三，餐饮服务，共22户，占比14%。少数从事销售定型包装食品、文化艺术交流表演和住宿等行业。②全年累计客流量达到160万人次，2009销售总收入首次突破亿元大关，税收贡献2000万元，带动就业1000余人。③现今的南锣鼓巷，四合院大多已成为别致的酒吧或主题店铺，租金价格不菲，青石板路上少了旗袍马褂的身影，穿梭于其间的是找寻中国味的老外以及四处猛拍的游客……

（2）后海发展现状。

如今的后海已成了人们寻找老北京记忆的一个好去处，这片在不知不觉中拥有惊人魔力的天然水域，是一个拼合了古代与现代元素的聚集地。这里不仅有躲在胡同里的中国最传统的民间文化，还有弥漫着红尘和喧嚣

---

① 郭冲．三里屯：打造国际时尚文化街区［J］．前线，2010（12）：58-58．
② 张惠琪，陈立．南锣鼓巷文化休闲商业街发展调研［J］．中国工商管理研究，2009（7）：48-51．
③ 古了．梦回"元代胡同"：北京历史文化街区南锣鼓巷游记［J］．中国建筑信息，2010（9）：31-33．

的都是酒吧,这里不仅有普通百姓破旧的小院,也有达官贵人辉煌耸立的红墙丽宫。后海就是在这样一种不同文化、不同地位、不同肤色的相互撞击中展现着它独特的魅力,更是吸引了无数的人到此"打捞"老北京生活遗迹。①

(3) 三里屯酒吧街发展现状。

从1995年两个留日归来的年轻人在这里始建第一家酒吧算起,经过10多年的发展,三里屯周边3000米一带已经聚集了北京非常多的酒吧,连国外也都知道中国大名鼎鼎的三里屯酒吧街。名声最响的三里屯北街,毗邻北京最大的使馆区,老外是北街酒吧固定的客人,不长的街道上聚集着几十家酒吧,门口紧挨着门口,都是灯红酒绿,都是欢歌笑语,在拥挤的路上行走,根本就分不出哪家是哪家,从风格、顾客群到价格大致相似。据粗略统计,三里屯酒吧街内共分布有80多家酒吧,三里屯方圆一公里的范围内,云集了北京60%以上的酒吧。甚至有人称,三里屯酒吧街从一个重要方面孕育并催生了北京的时尚文化产业。② 而如今经过升级改造,三里屯这个以酒吧而闻名海内外的街道,已经形成以购物、酒店、酒吧、艺术等多功能为一体的休闲及文化创意区。新三里屯与旧三里屯隔街相望,老酒吧街整体不变,还是位于街的东边。新三里屯的加入,提升了三里屯整个街区的时尚和繁华,使它成为了一个真正的时尚文化创意街区。③ 在众多新秀分散客源的同时,作为鼻祖的三里屯北街酒吧仍然充满活力,仍有不少老外和老客户钟情于三里屯,在他们的心目中,三里屯永远是中国酒吧文化中不老的传奇。

3. 经营特色

(1) 合理定位、打造鲜明特色。

特色是文化休闲商业街区存在和发展的生命力所在。在打造特色,塑造独特风格的过程中,必须明确主题。以三里屯、后海、南锣鼓巷为例,

---

① 晓沙. 什刹海 (一) —紧临皇城的百姓时尚 [J]. 台声, 2007 (10).
② Maffie yu. 新三里屯时尚文化创意街区 [J]. 中国科技财富, 2008 (10): 90-93.
③ Maffie yu. 新三里屯时尚文化创意街区 [J]. 中国科技财富, 2008 (10): 90-93.

有人说，三里屯是彩色的，后海是深红色的，而南锣鼓巷是翠绿色的。这是这三条街巷给人们的印象，从侧面也反映出这三条街的定位。南锣鼓巷的发展目标是成为历史文化商业街区，使人们能够在享受休闲中感受中国文化、皇城文化、胡同文化；后海的特色定位是京城最富有人民性的市井宝地，是品味北京古都文化风韵与时尚的最佳去处。另有京城最具魅力的混血地带之称，因此给人的印象是原汁原味但不失活力的深红色；在人们的印象里，三里屯就是时尚的代名词，而三里屯酒吧无疑是三里屯时尚的一杆标枪。三里屯酒吧街是北京"夜晚经济"的符号，从这里制造出的时尚，被追逐非主流的都市白领和新新人类广为效仿。这三条街巷之所以经久不衰、繁荣发展，与它们能够因地制宜，挖掘自身文化内涵，结合时代背景形成特色定位密不可分。通过合理、特色定位，南锣鼓巷、后海、三里屯形成自身独特的个性，从不同角度诠释着北京城市文化，在众多文化休闲商业街区中脱颖而出。它们的成功向我们揭示文化休闲商业街区在经营中应该有自己的特色，即每条休闲商业街区都应该有与众不同、独具魅力之处，追求个性，弘扬特色文化。

（2）注重传承，延续城市文脉。

重视挖掘城市历史文脉，努力打造历史古都风貌与现代城市生活和谐发展局面，这一点也是南锣鼓巷、后海向我们呈现的经营特色之一。南锣鼓巷主街有恢弘一时的万庆当铺遗址、有北京内城最高点"水准点"，有雕刻精致的石鼓、上马石等；周边16条胡同内的历史文化遗踪、名人故居资源更是丰富浓厚。[①] 而南锣鼓巷地区的四合院等级高，保存得较为完好，是北京四合院的精华所在之地。南锣鼓巷在其发展中，注重对历史文化的传承，因此今有"历史文化街"的美称。海水的灵秀，王府的幽深，故居的风采，民风的醇厚，后海可谓是京城景致的精华，从辽金到现在，它为北京保存下了珍贵的人文脉息。它们在发展中，关注需求、持续创新，凭

---

① 张惠琪，陈立 南锣鼓巷文化休闲商业街发展调研 [J]. 中国工商管理研究, 2009 (7): 48-51.

借历史文化底蕴,吸纳外来文化之精华,丰富了现代文化休闲之内涵,打造出了自己特有的魅力。三里屯的历史文化底蕴不如南锣鼓巷和后海深厚,但是作为时尚的代名词,它在更新发展过程中,一直注重对时尚的这种社会认同的传承,给了中国城市的夜晚一个具有活力的形象。无论是南锣鼓巷和后海独特的历史文化,还是三里屯时尚的社会认同,它们对其文化特色的挖掘和传承是使休闲商业街区发展的基础。

(3) 休闲方式,注重体验。

文化休闲商业街区的作用不仅是提供了一个休憩的地方,更重要的是赋予休闲内容和活动体验,这是它聚集人气的根本所在。

北京南锣鼓巷的创意文化是其主要文化特色之一,抓住这一特质,那里的咖啡店和酒吧将创意活动容纳其中。首先将发生在那里的创意成果转化成店内的装饰风格、挂件摆饰、背景音乐等保存下来,并启发后来者进行新的创意。其次为普通顾客提供参与创意体验的机会,如自己设计和打造的首饰、印有自己照片的马克杯、DIY混搭咖啡等,个性化的服务中无不渗透着创意,更在现实生活中诠释和演绎着创意文化。[①]再如后海的双人自行车、三轮车游,或是驻足观看打太极的老人,和地道的老北京学几句京腔;又如三里屯的异国情调及午夜热情摇滚的心灵体验……南锣鼓巷、后海、三里屯,不仅为北京休闲生活开拓了新的空间,赋予休闲内容和活动体验,又在心灵层面上,满足了人们追忆历史、体验过去时光的心理诉求。这正是文化休闲商业街区休闲式消费的精华之所在。

(4) 商业与文化相互融合。

南锣鼓巷、后海、三里屯商户大多为主题店铺,每间店铺都有自己特定的风格。另一方面,三条文化休闲商业街区中的知名酒吧多为文化酒吧,集文艺表演、艺术创作、电影放映等多种功能于一身,文化气息浓厚。此外街区商业活动独具特色,如南锣鼓巷一年一度的胡同文化节,是融合老北京市井风情和民俗曲艺于一体的节日,在这里,游客可以欣赏老

[①] 严国泰,汪瑾. 休闲文化街规划建设的思想基础研究[J]. 上海城市规划,2009 (3):24-26.

北京服饰艺术，聆听响器叫卖，观看民间杂耍，使人仿佛置身当年商贸文化盛景之中。①

（5）特色酒吧文化。

作为北京具有代表性的三条文化休闲商业街区，因酒吧的融入，使它们更具特色。

南锣鼓巷——静吧街：南锣鼓巷的官方定位是"典雅沉静"的"静吧"，突出"静"和"雅"，旨在有别于后海酒吧街与三里屯酒吧街的喧闹和浮华。这里的酒吧大多比较安静、和谐、自然、亲切、随意，并呈现出浓厚的文化气息。此外，真正将四合院作为一种时尚来消费的，也出现在南锣鼓巷。在这里，能够体验到老北京静谧、悠然的传统生活方式。在南锣鼓巷一带，四合院作为一种传统砖木结构建筑保持和显露着它们本真的面目，让人们更多体会到四合院富有活力的一面。

后海——北京的混血地带：多元文化荟萃交融。几年前后海的街景给人一种自然中的舒适与宁静，而如今后海建起了一间间风格各异的酒吧。这里的酒吧"依院傍水"，大多是古老的四合院、幽深的胡同改建而成的。或传承古朴风格透出古香古色的味道，或体现出酒香不怕巷子深的通俗道理，或叛逆张扬道出后现代的艺术气息。一路走来，丝竹声声，仿佛沉浸在音乐的海洋里，有传统乐器的悠扬之声，也有震撼激昂的摇滚乐。这里的娱乐、文化不仅渗透着浓郁与神秘的东方气息，更融入了张扬与浪漫的时尚色彩。

三里屯——一条时尚的夜河：三里屯酒吧是都市的一张现代时尚名片。从这里制造出的时尚，被追逐非主流的都市白领和新新人类广为效仿。当交流成为一个社会主要的话语时，对交流的需求是超出人们想象力的，这其中也包括交流的场所。于是酒吧这种被称为精神广场的东西，也就超越了文化的差异，顺理成章地落脚于中国。② 三里屯是中国最早形成

---

① 张惠琪，陈立. 南锣鼓巷文化休闲商业街发展调研 [J]. 中国工商管理研究，2009（7）：48－51.

② 孙琳，李德. 三里屯酒吧：一条时尚的夜河 [M]. 北京：中国宇航出版社，2004.

酒吧街的地方，加之临近使馆区的缘故，这里成为接受新思想的地方。随着社会的发展，这条最富异国情调的街道更多彰显出同消费休闲社会靠拢的时尚、喧嚣与刺激。夜晚的三里屯酒吧街，夸张而个性化的室内外装修，加之用音乐、美酒、灯光、环境营造出一种静宜与喧闹、粗犷与细腻、杂乱与雅致、摇滚与古典、跃动与慵懒、清醒与梦幻的意境，让人们在这里喝酒聊天叙旧，寻找短暂的情感寄托与灵魂归宿。[①] 这正合乎了现代人复杂趣味和情感的需求。随着更新改造，新三里屯的加入，提升了三里屯整个街区的时尚和繁华，使它成为了一个真正的时尚文化创意街区。如今的三里屯更是紧扣时代脉搏，吸引更多潮人和外国人。

这三条街上的酒吧从不同角度满足着人们不同的需求，展现着北京特色的夜生活及酒吧文化。

（6）产业导入，发展旅游产业和文化创意产业。

这三条街在发展过程中，注意发挥其多元化功能优势，使购物、旅游、休闲功能得到有效的互动，成功地把特色文化休闲商业街区社会资源转化为旅游观光产品。在引入文化创意方面，南锣商户大多为主题店铺，每间店铺都有自己特定的主题和风格。颇具特色的小店铺、创意工作室、私房菜馆，吸引了众多游客的光顾。此外近10年来，南锣鼓巷还相继引进了30余家酒吧和咖啡店，吸引了演员、导演、画家等艺术者来此交流，从而形成了具有独特艺术特色的文化创意区，创意已成为南锣的标签。而三里屯这个以酒吧而闻名海内外的街道，经过更新改造已经形成以购物、酒店、酒吧、艺术等多功能为一体的休闲及文化创意区。使原本快要没落的地区又重新散发出了魅力。由此可见，对于文化休闲商业街区，对其旅游和文化创意产业的开发，是文化休闲商业街区可持续发展、城市更新及产业结构调整升级的重要手段。

4. 目前存在的问题

南锣鼓巷、后海、三里屯三条文化休闲商业街区的成功以及一系列

---

① 惠飞. 感悟浓郁的酒吧文虎——北京三里屯拾零 [J]. 中华民居, 2010 (10): 116 - 119.

荣誉有目共睹，但随着时代的发展也存在着一些隐患。这些问题也从一定程度上折射出现今北京及全国文化休闲商业街区在发展过程中存在的问题。

（1）文化休闲商业街区底蕴不足。

老北京民俗艺术毫无踪影。在南锣鼓巷和后海地区的老北京胡同里听不到叫卖声，看不到工艺绝活，品不到国粹京剧等。同时对街道整体的历史宣传也较为缺乏。而三里屯，光有商业元素是不够的，作为文化休闲商业街区，街头表演是不能缺少的时尚因素。文化休闲商业街区底蕴的不足，将会阻碍街区鲜明特色的定位，降低街区人气。

（2）旺了人气，淡了生意。

后海、南锣鼓巷有些偏景点化，只看不买，大量的游客夹杂在本地人中间。这在一定程度上说明文化休闲商业街区只发挥了它的文化休闲功能，为人们提供了休憩、娱乐的场所，但却忽视了它的商业功能。这也是许多文化休闲商业街区所面临的困境。

（3）交通问题。

交通组织问题一直是困扰文化休闲商业街区发展的瓶颈，繁华的文化休闲商业街区更是如此。南锣鼓巷、后海地段，吸引了大量的人流车流，但由于公路有限，经常出现车辆人流行驶缓慢和塞车，停车更是问题。这在一定程度上使人们对文化休闲商业街区的休闲体验功能大打折扣。

（4）服务设施欠缺。

目前文化休闲商业街区在服务设施的提供上还有所欠缺。由于缺乏人性化的休闲场所，使得游客不能驻足观光，如南锣鼓巷街边没有一处供游客小憩的长椅以及存在缺少绿地、厕所少等问题，无法体现以人为本的经营理念，这与文化休闲商业街区的定位存在一定出入。

5. 北京休闲商业街区的可持续发展对策

（1）加大宣传力度，开展特色休闲文化活动。

文化休闲商业街区虽然是由各商户聚集而成的，但街区能否繁荣发展，除了商家自身的原因外，也取决于街区作为一个整体的宣传力度。为了加强对文化休闲商业街区的全方位宣传介绍，可围绕街区特色大力开展各种活动，为文化休闲商业街区增添文化活力，提升休闲体验。就南锣鼓巷、后海等围绕老北京历史经营的文化休闲商业街区，可为老北京叫卖、皮影戏等传统民俗艺术提供展示舞台，还可通过真人演绎，将历史经典重现。以此达到在人们娱乐的同时，提升街区知名度，并宣扬北京城市文化的目的。

(2) 避免"特色"的同质化，实施错位经营。

文化休闲商业街区的经营要注重特色，要有意识地在各方面强调特色、差异化，尽量做到"独此一家"。错位经营不仅体现在文化休闲商业街区与文化休闲商业街区之间的错位，还体现在文化休闲商业街区内店与店之间的错位。店与店之间的商品、服务、营销方式等要实行错位，突显自身特色。以此来达到在提升自身经营水平的同时增强文化休闲商业街区的整体活力。

(3) 以人文本，建设环境。

在文化休闲商业街区的环境营造中，无论是街道布局、建筑风格、店铺装潢、街景摆设等，还是基本服务设施的提供，都应充分考虑环境对人行为心理的影响，凸显以人为本的理念。在交通组织上充分考虑与城市道路的协调，采用多种交通方式相结合，避免由于人群聚集所带来的交通压力。充分听取文化休闲商业街区商户和公众意见，为驻区居民规划车辆绕行道路，合理限制车辆进入街区。同时，协同有关部门规划文化休闲商业街区地区周边停车场的建设，有效解决停车难问题。或者把不开车来逛街、喝酒没负担的生活方式宣传出去。总之要基于体验性、人性化来进行街道布局及服务设施的供给，努力打造充满生机、环境宜人、形象优美的文化休闲街区。

(4) 树立品牌，附加文化价值。

休闲商业街区的品牌是旅游者及本地居民对这个街区所形成的影响力的认知。建设品牌的目的就是要树立北京文化休闲商业街区独特的形象，形成一种品牌文化，从而为文化休闲商业街区的发展附加文化价值。

（5）充分发挥旅游、文化功能，形成资源互动效应。

在培育特色街区中，要充分发挥其购物、旅游、休闲的互动功能优势，把特色文化休闲街区社会资源转化为旅游观光产品。对此建议北京文化休闲商业街区的建设要从北京城市整体发展出发，与消费需求、文物和环境保护、社区建设相协调，并充分发挥其旅游功能，把北京文化休闲商业街区建成为"商、旅、文"互动的精品。同时文化休闲商业街区的发展不仅要考虑到自身，还要与其周围形成互动，通过文化看点、人气支撑、资源互动，从城市整体的角度来看待并发掘休闲商业街区在北京综合发展上所起的作用，力争使文化休闲商业街区及其周围地区的资源都得到有效配置，形成产业链，实现共赢。

五、启示

第一，挖掘文化特色是保证文化休闲商业街区可持续发展最强大的生命力。特色是北京独特的、持久的文化内涵，文化休闲商业街区在追求特色经营的过程中可以提升自身的竞争力。而特色要以文化为基础，它是营造休闲氛围、吸引消费者、促进文化休闲商业街区发展的灵魂。文化与经济是相互融合、相互促进的关系，经济活动中融入文化内涵越多，物质生产中的附加值就越高，竞争力就越强；而文化发展中融入的经济因素越多，文化的渗透就越强。这里所指的文化是广义上的文化概念，它包括静态文化、动态文化、传统文化、现代文化、商业文化和艺术文化。因此对文化特色的挖掘可以使文化休闲商业街区既丰富自己又保持自身的独特性和稳定性，达到取其精华、持久发展的目的。所以说独特的文化内涵和社会认同，它的挖掘和传承是文化休闲商业街区发展的基础和生命力。

第二，休闲方式的多样化是北京文化休闲商业街区繁荣发展和品牌提升的趋势。随着休闲消费需求的大幅提升，在很大程度上折射出人们对休闲方式多样化的要求。因此文化休闲商业街区只有兼具多元化的休闲方式才能繁荣发展并使品牌文化价值得以提升。文化休闲商业街区不仅仅是一处建筑空间形体，更重要的是赋予休闲内容和活动体验，这样才能聚集人气。围绕文化创新休闲方式，利用静止的设施开展生动活泼的文化活动，使静止的建筑焕发生机和活力，通过赋予传统文化新的生命内涵以符合现代社会的需求，加之艺术文化与商业文化的互动，营造轻松、繁荣的消费和休闲娱乐氛围，使人们有不一样的休闲体验。休闲商业街区也可借此激发人气，带来更多的商机，从而形成良性循环。以多元化的休闲方式赋予文化休闲商业街区更多的体验附加值，而商业、休闲、文化的良性互动又会激发经济效益、社会效益和环境效益的综合提升，进而实现文化休闲商业街区品牌价值的提升。

第三，充分发挥联动作用，形成产业互动效应。文化休闲商业街区的存在与发展是以游憩和商业为主的旅游、购物、饮食、娱乐、交往、文化集聚的特定区域，不仅为本地居民也为旅游者提供了一个观光、休闲、娱乐、购物的好去处。因此应把对其的发展放在北京商业、旅游、文化创意等第三产业均衡发展的大环境下，从城市整体的角度来看待并发掘文化休闲商业街区在北京综合发展上所起的作用，充分发挥其连带作用，形成产业链，以点成线、线成面辐射整个城市，推动北京地区的文化休闲商业街区及相关产业良性发展，使资源得到有效配置，进而提升城市整体实力。

每个国家、每个城市的文化休闲商业街区的形成有其城市发展的历史背景，各具特色，又在现代城市的建设过程中不断调整、完善，以适应城市发展的需求。因此，一条文化休闲商业街区的成功在于整体实力，各方面相互影响、各环节紧密相扣。在新时代背景下，面对文化休闲商业街区特色的同质化现象，基于休闲消费需求视角，从特色创新上探讨文化休闲商业街区的未来发展之路值得人们关注。

参考文献

[1] 刘彩琴，朱文艳. 我国商业街现状分析 [J]. 科技情报开发与经济，2008,18(8):112－113.

[2] 廖妍珍. 休闲经济下步行街更新的研究 [D]. 湖南：中南大学，2010.

[3] 刘云. 当代中国文化休闲街区规模发展的模式探索：以 1912 文化街区为例 [J]. 艺术百家, 2011(3):90-93.

[4] 刘颂, 王雪君. 上海旅游文化街区的个性打造 [J]. 上海城市规划, 2006(6).

[5] 严国泰, 汪瑾. 休闲文化街规划建设的思想基础研究 [J]. 上海城市规划, 2009(3):24-26.

[6] 吴俊. 城市商业特色街区的功能演化研究 [J]. 江苏商论, 2010(11):3-5.

[7] 方可. 当代北京旧城更新 [M]. 北京：中国建筑工业出版社, 2000.

[8] 林云华. 街市的传奇，文脉的传承：商业街的回顾与展望 [J]. 山西建筑, 2004, 30(12):14-15.

[9] 侯晓倩. 北京特色商业街发展动力研究 [J]. 全国商情（理论研究）, 2010(21):17-18.

[10] 吉子. 梦回"元代胡同"：北京历史文化街区南锣鼓巷游记 [J]. 中国建筑信息, 2010(9):31-33.

[11] 张君, 于磊. 什刹海寻找老北京记忆的地方 [J]. 中国经贸, 2008(11):92-95.

[12] 郭冲. 三里屯：打造国际时尚文化街区 [J]. 前线, 2010(12):58-58.

[13] 张惠琪, 陈立. 南锣鼓巷文化休闲商业街发展调研 [J]. 中国工商管理研究, 2009(7):48-51.

[14] Maffie yu. 新三里屯时尚文化创意街区 [J]. 中国科技财富, 2008(10):90-93.

北京特色商业街区案例研究

琉璃厂与中关村，具有强烈差异的两个商业街区，它们是如此不同，以至于很少有人把它们相提并论。但它们也具有共同点：它们都只经营一大类商品，都地处北京，都是具有全国性影响力的特色商业街区。

一、琉璃厂古玩文化街

琉璃厂古玩文化街有数百年的发展历史，培育了众多的百年老店，如今却面临着改变，学着如何通过自己独有的文化背景，打造一个适应现代市场竞争的文化街。琉璃厂文化街作为一个典型的例子，研究其发展历程、经营现状及发展策略，可以为其他特色商业街区提供参考。

古玩，又称古董，属文化遗产，是人类智慧的结晶、历史文明的考证，包括古代书画、瓷器、铜器、硬木小件、铜钱、玉器、笔墨、砚台、漆器、雕刻、金石、金银器、饰品、书籍等数以万计的物品。古玩之所以受欢迎，是因为古玩有着丰富的文化内涵、历史信息等方面的功能，可供人鉴赏、养生等。由于古玩独有的稀缺性和不可再生的特征，使其成为一种特殊商品。

1. 北京古玩文化类特色商业街区

北京数百年来始终是北方乃至全国政治、经济和文化中心，众多达官显贵、文人墨客聚居于此，丰厚的历史人文积淀，为其民间收藏奠定了坚实的基础。如今，北京拥有全国数量最多、规模最大的古玩文化街区，以致吸引国内外众多收藏爱好者。北京古玩文化街早就成为了解北京乃至中国文化、历史的一扇窗口。

北京的古玩文化街历史悠久,以琉璃厂海王村、大栅栏、天桥、隆福寺等地区最负盛名。随着改革开放的进行和人民生活水平的提高,民间收藏复苏,收藏者和古玩拥有者均迫切需要一个平台以流通其藏品,据统计,目前北京各类古玩文化街和古玩市场约25个。

北京的古玩文化街大多位于五环内,其总体布局显示出市场与城市经济生活的密切关系,同时均具较便利的交通。朝阳区最多,其次是宣武区,其重要区域分别是潘家园、宣南文化区、北三环等地区。

潘家园位于北京城东南区域,狭义是指潘家园街道所辖2.3平方千米的区域,广义则指包括潘家园地区和十里河地区所涵盖范围。主要的古玩市场有潘家园旧货市场、北京古玩城、天雅古玩城、程田古玩城等,现以潘家园旧货市场为区域龙头。

宣南文化区位于北京南城,其范围主要沿两广路分布。主要的古玩市场有报国寺收藏品市场、海王村市场等。该地区历史上是著名的宣南文化区域,琉璃厂文化街早在明清时期便颇具规模,随着时代发展,琉璃厂文化街的城市功能日益发展。

北三环地区沿京城北三环一带分布。主要古玩市场有爱家收藏品市场、北京古玩城亚运村市场、福丽特玩家市场、亮马河收藏市场等。时间出现于20世纪90年代中后期至今。该地区为新兴的古玩市场,多为某些民营公司或集团斥资专门建造。

2. 琉璃厂古玩文化街的形成与发展

琉璃厂文化街位于现在北京的和平门外,西至宣武区的南北柳巷,东至宣武区的延寿寺街,全长约800米,是北京一条著名的文化街,琉璃厂的位置原是金中都的东郊,属燕下乡海王村的地界,元灭金后,金中都成了一片废墟,元世祖在金中都东北修建了大都城,同时在海王村设立了琉璃官窑,炼制宫廷、庙宇用的琉璃瓦,故有琉璃厂其名。清初顺治年间,在京城实行"满汉分城居住"。而琉璃厂恰恰是在外城的西部,当时的汉族官员多数都住在附近,后来全国各地的会馆也都建在附近,官员、赶考的举子也常聚集于此逛书市，使明朝时红火的前门、灯市口和西城的城隍庙书市都逐渐转移到琉璃厂。各地的书商也纷纷在这里设摊、建室、出售大量藏书。繁华的市井，便利的条件，形成了"京都雅游之所"，使琉璃厂逐渐发展成为京城最大的书市，形成了人文荟萃的文化街市，与文化相关的笔墨纸砚，古玩书画等，也随之发展起来。因为战争琉璃厂也经历了衰败和繁荣的不断交替，直到20世纪80年代琉璃厂复建重修，才逐步恢复其繁荣的景象。

琉璃厂的发展与中国的政治背景、历史背景、文化背景同步相连，同时亦与文物发掘有着直接的联系。它几经起落，已形成了自己独特的历史脉络。琉璃厂至今已有780余年的历史，享有"九市精华萃一衢"的美誉，百余家名店聚集了大量翰墨书香和珍奇古玩，是北京文物、文化的重要集散地和中国历史文化的重要组成部分，也是享誉国内外的重要文化交流中心之一。

此外，因旧琉璃厂东门内有个火神庙，故年正月初一到十五逛厂甸（庙会）成为百姓新春游乐和品尝小吃之处，这时琉璃厂文化街的繁荣景象可见一斑。

3. 琉璃厂的经营现状

琉璃厂目前主要经营古玩字画和书籍，沿街商店近100家，有以荣宝斋和宝古斋为代表的古今字画，以韵古斋和萃珍斋为代表的金石陶瓷，以来薰阁和一得阁为代表的文房四宝，以振环阁和震云阁为代表的珠宝杂项，以乐海轩和古艺斋为代表的音响乐器，以观复斋和庆云堂为代表的历代碑帖，以汲古斋和韫玉斋为代表的仿古文物，以瑞成斋和邃雅斋为代表的文物锦盒和古书装修，还有文盛斋的纱灯、宫灯和锦昌店的地毯、壁毯等。还有中国最大的古旧书店中国书店，以及西琉璃厂原有的三大书局——商务印书馆、中华书局、世界书局。

琉璃厂作为一个典藏传统文化的"文化圈"，逐步发展成为与网络为一体的艺术交流、宣传、销售平台。

然而，琉璃厂文化街街面金碧辉煌，店铺错落有致，街道行人却稀少，店铺门庭冷落。

据了解，琉璃厂文化街店铺易主频繁，有的经营一年，有的半年，甚至有开张3个月就关门的，一方面是源于租金行情看涨，加上税收，导致入不敷出，关键还是在于该街的人气逐年减少，缺少了需求，政府扶持力度不够，自然会出现冷清的局面。

从琉璃厂文化街自身的经营来看，也确实存在不少问题。

第一，随着旅游市场的发展，越来越多的经营者改变了自己的经营方向，由原来的古玩字画蜕变成旅游品兜售。琉璃厂文化味道被越来越浓厚的商业气息代替，失去了原有的民族特色，失掉根本的琉璃厂如今在中外游客眼中也失去了往日的魅力。

第二，由于旧书业不甚景气，古籍书店里却摆放着很多工艺品、文具在出售。而各类新版图书在书架上所占比例并不比古籍图书少，让人看着感觉不伦不类。很多老字号的商品、服务项目失去了原有特色，在经营服务上也跟不上时代的发展，顾客流失率大。

第三，经营产品缺少差异性，产品逐渐趋同，缺乏特色。从琉璃厂文化街的发展历史来看，其繁荣无不都和商店经营的商品各有特色有着重要关系。据介绍，以前琉璃厂的商店有些类似于今天的专卖店，宝古斋、韵古斋、庆云堂、萃珍斋几家百年老店就是以经营金石、陶瓷、古绣、古砚等著称；汲古阁则以文物复制品逼真而享有盛名；荣宝斋的字画品质极佳，木版水印百年历史。人们逛琉璃厂可以走马观花，也能够依据自己的兴趣直奔某商号。然而，在琉璃厂文化街两侧众多的"此斋彼阁"内浏览很多古玩、字画、玉器、文房四宝常常让人有似曾相识的感觉，稍做回忆便记起原来在刚才逛过的店铺内已有陈列。

第四，假冒伪劣商品充斥了整个市场，作为古董、字画等商品只有真实的才有价值和吸引力，琉璃厂所售部分商品由真到假直接造成了它由中兴到低谷。琉璃厂因古玩文化而享名于世，却也因为仿制古玩产品渐渐毁掉原有的声誉，让顾客望而却步。

4. 目前存在的问题

第一，品牌管理仍需进一步加强。

琉璃厂文化街发展至今，虽然已享有盛誉，但其品牌管理方面仍然存在着很多不足。在经营产品上，古玩产品、字画、图书，在北京的众多古玩市场也都雷同，伴随着潘家园古玩市场的发展，琉璃厂文化街的影响力和竞争力正在逐渐减弱。究其原因，除了在经营方式及产品的相关问题，品牌宣传的不足也是一个重大的原因，同潘家园十几年的发展历史相比，琉璃厂数百年的文化底蕴正是区别于北京所有古玩市场的独特所在，百年老店汇聚于此，却没有充分利用这独有的资源进行宣传，形成自己独有的品牌文化。缺少差异化，缺乏宣传，琉璃厂文化街便出现了不温不火的经营状况，这对于历史文化储存和宣传都有着非常不利的影响。

其实，琉璃厂文化街出现至今，都是北京城市文化的一个象征地域，作为北京的一张名片，其品牌的建立已经得到了大家的认可。但品牌管理并不只是知名度，我们知道，品牌是一种错综复杂的象征。它是品牌属性、名称、包装、价格、历史、信誉、广告方式的无形总称，品牌同时也是消费者对其使用者的印象，以其自身的经验而有所界定。产品是有形的；品牌是无形的，却是能感知的，产品可以被竞争者模仿，但品牌则是独一无二的，成功的品牌能持久不坠，品牌的价值将长期影响琉璃厂文化街的发展。

第二，街区周边缺乏互补性服务。

琉璃厂文化街的发展，除了其自身的管理、经营、产品、宣传、服务等之外，周边的互补性服务供给也是非常重要的影响因素。所谓互补性服务供给，是指与经营产品或产业相关的其他互补性产品或产业。琉璃厂文化街作为经营古玩字画的特色街区，总长不超过1000米，无论是爱好者还是游客到此游览，除了能感受该街区的文化底蕴和古玩艺术外，还应该享受到诸如良好的休憩场所、优质的餐饮服务以及其他具有古文化的艺术氛围。

互补性的服务供给能给彼此带来积极的影响，琉璃厂文化街缺少周边文化背景的烘托，显得非常孤立，对文化街"魂"的存在影响比较大。其实在元、明、清期间，琉璃厂除了古玩字画的经营外，街区及周边有大量的酒家，茶舍，戏剧院等，这些"娱乐"场所与琉璃厂相互促进，使得琉璃厂热闹非常，发展迅速。但这些具有古代文化的茶舍、酒家都已经淡出历史舞台，唯独留下了琉璃厂文化街，可以想象，在聚集人气和服务供给方面，其实远不如其在历史上的鼎盛时期。

第三，古玩的质量遭受质疑。

古玩的价值是体现了它的历史、文化、工艺、时代和人文综合在一起的价值，体现了一个时代的人文环境、文化气息和当时的制作工艺。总的来讲，包括历史价值、艺术价值、经济价值，是否具备收藏价值。古玩的价值，体现的是其在历史当中的地位，在艺术史当中的地位。因此，古玩的货源及质量决定了顾客忠诚度的培养，货真价实的古玩不仅在竞争者保有自己的竞争力，还能通过忠诚顾客挖掘更多的潜在顾客。有特色的好的古玩，在吸引人气和广告宣传方面，都更具备竞争优势。

但现在的琉璃厂文化街，其仿制品以假乱真的现象时有发生，古玩爱好者和收藏者稍有不甚，便是财物两空，引起了众多的抱怨，顾客满意度不断降低。即便是销售仿制品，其质量问题也是频频发生，加上定价随意，使得众多顾客望而却步。在网络发达的今天，琉璃厂的知名度是上去了，美誉度却一落千丈，众多中外游客到琉璃厂文化街，除了对大饱眼福之外，就没有其他的消费行为了。

5. 对策建议

作为顺应经济发展趋势、引入创意理念、逐步调整布局以图发展完善中的创意产业文化集聚区，琉璃厂有着厚实的文化底蕴、丰富的人文资源和优越的地理优势，充分发挥其不可比拟的优势，是琉璃厂今后进一步发展的重要策略。作为创意产业集聚区的元素之———厂甸庙会、中国书店、荣宝斋的发展理念与经营策略、进一步挖掘创意点，更好地拉动自身及区域经济的发展，也是作为战略的重点。

第一，实施"走出去"战略，加强文化品牌建设，并以此带动其相关产业发展。提高知名度，打造特色品牌。对文化街进行文化符号的提取，对外宣传力度需要进一步的加大，如搞专项展销，开旧货市场等，扩大联系顾客面，以满足国内外宾客的不同需求。同时对民俗文化——厂甸庙会也纳入区域战略发展的重要元素。民俗旅游是一项特殊的文化产业，旅游本身不一定具有文化性质，但旅游业的繁盛在相当程度上依赖于文化。对于旅游者来说，旅游活动是经济性很强的文化活动，但对于旅游经营者来说，旅游业则是文化性很强的经济事业，旅游经营者要有独到的眼光，能够迅速抓住自己与旅游者双方需求的契合点，以图在充分满足对方文化心理需求的基础上，获得最大的经济利益。

第二，推陈出新，拓展经营空间。艺术殿堂荣宝斋便是一个鲜明的个案。一个大型综合性国有文化企业，随着市场经济的发展，为繁荣自身经济，必须要将自身经营传统与现代企业发展模式相结合。1993年荣兴文化艺术发展公司创办，经营名人字画、端砚占陶、古钱古印、翠玉牙雕、古旧钟表、剪纸泥人等；1994年其控股北京荣宝拍卖有限公司，举办多种收藏领域的拍卖会。此外，还成立工艺美术服务部，装饰工程公司，广告艺术公司等相关领域的公司。正是这种大胆开拓的经营理念和富有创新的精神，造就了其骄人的成绩。

同时，要发展开拓式经营，加强海外市场的开发与服务。中国书店是一家国有古籍专业书店，针对自身的发展特点以及行业功能，为取得自身经济的最大发展，大胆开拓海外市场，多年来逐步与东南亚、欧美等国家和地区的学术研究单位及著名大学建立业务关系，为各国汉学家提供需求，进而获得可观的经济效益。

第三，"以人为本"，营造街区环境。在保持古玩文化街的经营传统下，提供步行、休憩、社交聚会的场所，即加强商业配套设施建设，进行合理的功能空间布局。合理的功能空间布局有利于形成不同类型和主题的功能设施在空间上的积聚效应，可以形成不同主导功能的区域单元，集中为消费者提供多样选择的空间以促进其消费，吸引游客停留更长时间以增加整条街区的经济收入。

第四，加强对街区周边互补性服务的开发。

完善并延长产业链，由点到面，协调发展。在发展创意产业的前提下，产业化地开发文化资源，进而使其产生巨大的文化经济附加值，关键在于恰到好处地把握各种文化资源间的结合度，使零散的资源形成一个完美的整体、全新的链接，这样将会产生新型的文化产品，进而获得巨大的经济效益和社会效益。

第五，古玩文化街要构建一个良好的解说系统。

解说系统就是运用某种媒体和表达方式，使特定的信息传播并到达信息接受者中间帮助信息接受者了解相关事物的性质和特点，并达到服务和教育的基本功能。解说系统分为景点解说系统、服务设施解说系统和安全警示系统。解说系统要包括牌匾的设计、材料、颜色、解说牌大小、设置高度，甚至文字的大小、字体的间距等。同时，解说系统要与整个城市乃至整个国家的文化传统相联系，注重部分在整体中的地位与作用。

第六，加强特色经营和政府扶持。

坚持"一品一店"的经营原则，充分挖掘老字号的历史文化价值，如在每个老字号店门前的墙体内镶嵌一块石牌，展示其经营历史，产品特色等；把现代经营理念与传统商业特色结合起来，合理布局老字号的经营格局，既保持前店后坊、下店上坊式的经营特色，又在设备安装、装饰装潢、功能布局上有所创新，有所突破，采用观摩式营销策略，吸引顾客的视觉、感觉，满足其新鲜感，调动其购买欲望；发扬老字号店的优良传统，把产品特色、产品质量、优质服务作为管理的重心，杜绝以假当真的现象，如果销售仿制品，必须明确标价和作相关说明。加大扶持力量，给予老字号更多的优惠政策，更重要的是帮助老字号持续经营，才能真正达到社会效益与经济效益的双赢。

二、中关村IT产品商业街区

中关村，一个响当当的名字。新中国成立后的短短几十年，已经经历了由从北京郊区的一个小村落，发展壮大成为当今中国规模最大、实力最强、最有活力的科技园区的蜕变，成为中国高科技品牌概念的集中代表。就广义的中关村概念来说，应该是指整个中关村科技园区；但如果仅指狭义的中关村而言，是指海龙、鼎好、科贸、e世界等在内的十余家IT电子卖场，组成的一个繁华的以IT电子产品贸易为主的中关村商圈。"中关村电子一条街"在20多年前就已名扬天下，从这里也走出了许多现在已辐射全国的IT产品渠道大鳄。

"中关村"是如何发展起来的？"中关村电子一条街"是如何形成而后又变成"IT大卖场"的？为什么在这里可以形成这个如此繁华与成功的以IT电子产品贸易为主的中关村商圈？笔者试图通过研究中关村IT卖场发展的历程，分析其主要功能和作用以及特色之处，发现其代表性和典型性，揭示其成功发展的内在原因，探索未来发展的方向。

1. "中关村"的发展历程

追溯中关村的历史，流传着多种说法。其中一种普遍为人们所接受的说法是这样的：中关村最早称作"中官村"，是由清代一位"中官"，即宦官在此处买田置庄得名。1952年在修建中国科学院的时候，时任北京师范大学校长陈垣觉得"中官"二字不好，提议改名，自此，便有了"中关村"。

新中国成立之后，中国科学院、北京大学、清华大学等科研机构和高等学校均在中关村及其周边地区建设并发展壮大，为中关村日后发展成为一个科技文化中心奠定了基础。

改革开放后，1980年10月23日，中国科学院研究员陈春先在中关村率先创办了第一个民办科技机构——北京等离子体学会先进发展技术服务部。在这之前，陈春先多次考察了美国的"128号公路"①，试图为我国找到一条能够起到扩散新的技术、将科研成果转化为生产力这两个作用的道路。当年，陈春先提出创建这个技术服务部的基本原则是："科技人员走

---

① 128号公路指美国波士顿市的一条高速公路，沿公路两侧聚集了数以千计的研究机构和技术企业，是世界著名的高技术产业区。

出研究院所，遵循科技转化规律、市场经济规律，不要国家拨款，不占国家编制，自筹资金、自负盈亏、自主经营、依法自主决策。"因此，陈春先也被称为"中关村第一人"。

在此之后，科海、京海、四通、信通等民营企业先后在1983和1984年成立。到1986年底，中关村各类开发性公司已近100家，逐渐形成了以开发、经营电子产品的民营科技企业群体为主体的"中关村电子一条街"。

1988年初，中共中央办公厅组织联合调查组，对中关村电子一条街进行了全面的调查与总结，肯定了中关村高技术企业的方向，并提出了兴办中关村新技术开发试验区的建议。同年5月，国务院正式批准发布《北京市新技术产业开发试验区暂行条例》，正式建立了我国第一个国家级高新技术产业开发区。

1999年6月5日，国务院正式批复科技部和北京市政府《关于实施科教兴国战略，加快建设中关村科技园区的请示》，原则同意中关村科技园区的规划。随后，"北京新技术产业开发试验区"正式更名为"中关村科技园区"。

如今的"中关村"，已形成"一区十一园"的格局，超越了原中关村的地域范围，成为一个跨行政区划的高新园区，并成为中国高科技品牌概念的集中代表。

2. 从中关村电子一条街到IT产品商业街区

"中关村电子一条街"这个名称，现在是指在北京市海淀区境内的，涵盖中关村南大街、中关村大街和中关村北大街南段的这条南北向大街以及其所连接的向东西两个方向延伸的道路的范围。当年，在这里成立了许许多多的以经营电子元器件、计算机部件及整机和周边的电子产品，人们便赋予了其"中关村电子一条街"的称呼。

1985年，当地的四季青公社在中关村兴建的"四季青蔬菜自选市场"由于经营窘困，开始将自选市场的场地出租给新成立的，同时又正缺乏经营场地的科技公司，这个市场也更名为"四海市场"。由于前来求租的公司众多，四海市场多次扩大经营场地，在1987年时经营总面积超过3000

平方米。经营产品种类众多，既有电子电器产品，也有科技公司生产的现代办公产品、音像制品、照明器材、电脑产品、软件光盘和各种配件等。

1991年底至1992年初的这段日子里，在中关村成立了"中关村电子配套市场"，这是中关村出现的第二家电子市场，同时又是第一家电子配套市场。市场面积大约2000平方米，有百余家商户在此经营。经营的产品微型计算机、微机配件、软件和电子元器件等。自此，中关村进入了电子市场的全面兴起阶段，在中关村一代出现了十余家电子市场。

1999年开始，中关村的电子市场进入了从硬件、管理等方面全面升级的新阶段。数年前建立的电子市场已经不能满足当时的需要。同时伴随着北京市对中关村园区的新的规划，原有的电子市场被拆除和改建，取而代之的是以海龙、硅谷、太平洋为代表的一批新的"电子城"相继出现。开始出现了现在意义上的IT卖场，中关村也由此跨入了"电子城"阶段。

1999年5月，硅谷电脑城开业。这是中关村最早建立的一座新型的集电子卖场、写字楼办公及商务服务为一体的综合性科技大厦。同年10月23日，"太平洋数码电脑城"开业，卖场营业面积约1.3万平方米，位于北京大学东北角。1999年12月18日，海龙电子城正式开业。海龙大厦面积7万多平方米，其中，卖场面积约2万平方米，经营商户近千家。经营范围包括：台式机、笔记本、数码产品、配件产品、现代办公用品等全线产品。

在这一段时期里，电子城如雨后春笋般迅速崛起，但由于种种原因，经营不过一两年就消失了。到2003年时，已经形成了以海龙大厦、硅谷电脑城、太平洋电脑城为代表的中关村电子市场"三足鼎立"局面，也有人称其为"老三强"。

2003年7月10日，鼎好电子商城开业，2004年2月21日，中关村科贸电子城开业，2004年9月28日，易中芯数码城开业，2006年7月29日，e世界数码广场开业……这些新开业的电子城以全新的环境和经营理念得到了消费者的青睐，同时也对"老三强"形成了强大的冲击。短短两三年的时间里，中关村电子卖场的格局风云突变。曾经位列"老三强"的太平洋和硅谷,渐渐淡出人们的视野,整改后的新海龙与鼎好、科贸并称"新三强"占据了市场主导地位,形成了"IT卖场一条街"这条特色商业街。在鼎好二期开业后,整个中关村IT专业大卖场的营业面积达到了32万平方米。

3. 中关村IT产品商业街区的现状

"新三强"地位确立后的中关村IT卖场,和5年前的状况相比发生了巨大的变化。随着卖场的数量增多,卖场之间的竞争也越发激烈。后期成立的鼎好电子商城、科贸电子城等新卖场,着力打造一流的硬件设施、全新的卖场环境和现代经营理念,以至于鼎好这个"新生力量"竟然后来居上,在2005年时销售额一度超越了"老大哥"——海龙,并连续三年蝉联销售冠军。

随着技术的进步,IT产品的日益普及,市场逐渐从卖方市场转向了买方市场,消费者的需求也在不断变化,规范的管理和周到的服务成为电子市场必备的条件。各个卖场都积极探寻市场发展规律,以创新谋取发展,迎合消费者的需求,不断改善自身以求得消费者的认可。

此时,除了以场地租赁、物业管理为主的IT专业大卖场之外的一些市场模式也已经形成。例如:出现了一些以厂家直销店为主的商场经营模式:如当代商城、蓝岛大厦等。还有一些综合性电器卖场,如国美电器、大中电器、苏宁电器等,他们在中关村附近店面的3C卖场中,IT产品占到六七成的比重。还有一种新生的自主经营的专业卖场,比较有名的是宏图三胞。相比较而言,IT专业大卖场的市场模式仍占据市场主流地位。

根据每年一度发布的《中关村电子产品贸易行业白皮书》数据显示,中关村IT卖场在2009年的电子产品销售总额达到了220亿元,贸易总额达到了412亿元;2010年中关村IT卖场销售总额约为280亿元,贸易总额约520亿元,相比2009年有明显增长。其中,鼎好电子商城2010年销售总额92.2亿元,雄踞榜首,贸易总额达到159.2亿元。2010年中关村IT卖场依然呈现三足鼎立的竞争态势,鼎好、海龙、E世界三大卖场的销售额和贸易额之和分别占到中关村IT卖场的68%和65.7%。

经过多年的发展，中关村商业街区已经形成明显的特色，其中最具竞争力的特色有两个：产品丰富、议价模式。

IT卖场的经营面积大，经营商户多，经营产品的专一性很高。消费者可以在IT卖场最大限度地找到适合其需要的所有品牌和所以品种。这是电子商城和3C家电卖场所不可能达到的，这也是IT卖场的高度专业化带来的优势。电子商城和3C家电卖场一般只采购或代理新近推广上市的或者被主流消费群体所接受的产品。

在IT卖场中特有的议价模式，可以使某些消费者通过还价得到一种心理满足，他们有可能是对行业有些了解，掌握一定电子专业技术的消费者，也有可能是对IT知识不甚了解的市民。基于"无商不奸"的"古训"和以往的购物经历，很多中国人思维中根深蒂固地形成了不还价就吃亏的心理。对于掌握一定专业知识的消费者而言，还价还是其在购买商品过程中获得一种心理满足的过程。他们了解市场行情和技术性能参数，希望通过自己的知识做出最优选择，并且享受于买到廉价优质的产品所带来的购物的乐趣。

4. 中关村IT产品商业街区的功能和作用

IT卖场作为IT行业产品重要的出口，在IT行业产品流通中发挥着重要的作用。

（1）产品零售的功能。

"买电脑卡中关村"这个消费模式已经培养形成。每天前往中关村各大IT卖场的消费者络绎不绝，日客流量20万人次以上。

虽然近年来3C家电卖场、电子商城等异军突起，纷纷杀入IT销售领域，但是在中关村在线网站发布的一项网上投票的结果显示：面对当前的形势，依然有39.17%的消费者首先考虑在中关村等电脑卖场购买电子产品，这一比例领先京东等电子商城14个百分点，领先国美、苏宁等3C卖场19个百分点，领先淘宝网28个百分点。《2009年中关村电子产品经营研究白皮书》中也有研究表明，IT卖场仍是IT产品销售的主要渠道，3C卖场对IT产品的分流作用有限，电子商务发展迅猛，潜力巨大，目前也遇到瓶颈问题制约其发展。

（2）产品集散的功能。

在20世纪90年代，当时的渠道网络不够发达，渠道模式比较单一，中关村IT电子一条街发挥了非常重要的产品集散的作用。中关村IT卖场内聚集了一大批厂商的地区总代理。在一定的辐射范围内，将产品或元器件集散到其他地区。随着厂商和分销商的渠道政策日益完善，IT卖场的集散作用有所下降。

（3）产品推广、展示体验以及宣传的功能。

IT卖场在日常的经营活动中扮演着极其重要的产品推广的功能。在各大卖场的门前广场、进口处、楼梯口、扶梯旁，经常有各类新产品的推广活动或是经典产品升级版的促销活动，借以推动新产品、新技术的销售和应用。由于IT产品的产品生命周期比较短，更新换代频繁，因为同质同类的IT产品较多，所以新产品在上市之初不及时打开市场就会造成产品影响力下降，所以产品推广被厂商视为非常重要的环节。

不少商户不惜重金打造了IT产品的旗舰店，建立一个以形象展示及产品体验为主的舒适空间，让消费者自己体验产品，以激发出购买欲望，并转化为购买需求。这一点也是家电卖场和电子商务所无法做到的。

（4）市场动态信息反映的功能。

由于IT卖场集中度高，客流密度大，IT卖场也成为了IT产品产业链零售末端的信息集散地，每天形成大量的信息并扩散出去。信息的内容多种多样，既包括关于行业的政策信息，也包括新技术、新产品、渠道政策的变化等信息，也包括各地商户的经营状况、既有产品线的生产销售和使用方面的信息等。这些动态信息在IT卖场可以得到迅速及时的扩散。

（5）价格形成的功能。

产品价格的形成，是由商品生产成本、市场供求关系以及行业政策等方面共同影响而形成的。对IT产品而言，在产业链上有的生产厂商根据其生产成本制定厂商指导价。产品进入渠道后，不同的渠道会产生不同的渠道成本，使价格发生变化。IT卖场内的产品销售大多数时候是议价销售，经销商报价会根据厂商的指导价，考虑各种成本因素，并且考虑同行业其他经销商报价后决定自己的报价。同行竞争是 IT 卖场中盈利最关键的因素，因为提供的都是同质甚至是完全相同的产品，那么报价低的自然会胜出。这样价格比拼的结果是在 IT 卖场内相同品牌和型号的产品，众多经销商报价都相差不多甚至完全相同。同时这个价格基本上也可以代表整个中关村 IT 卖场的价格。

（6）市场行情风向标功能。

2010 年 7 月 3 日首次公开发布的"中国·中关村电子信息产品指数"，由国家商务部统一管理和发布的数据。这个指数是以在中关村各大电子市场中选取的 450 家诚信经销商作为数据采集点，以其销售的市场热销品销量为权数的加权平均指数。每天有专人到数据采集点采集各类电子产品的实际成交价，在第一时间内报出 IT 产品市场成交价和最高价。目前发布的指数包括周价格指数和月景气指数两周。是反映中关村电子市场波动趋势最有影响的电子信息产品指数。

"中国·中关村电子信息产品指数"的发布，从另一个侧面也表明了中关村 IT 卖场在国内同类市场的主导地位。中关村历来被视为我国消费类电子产品最大的集散地和风向标。中关村电子指数成为了全国电子信息产品市场行情的"晴雨表"和"风向标"。

全国各地的 IT 卖场都是以中关村为蓝本来进行学习的，中关村 IT 卖场的作用和地位是不可替代的。全国各地的卖场都借鉴和学习中关村卖场模式，再结合自身情况制定经营发展策略。

（7）对商业的发展起到重要推动作用。

无论是电子一条街还是 IT 卖场一条街，都对当地的商业发展起到了重要的推动作用。卖场单位面积的销售额明显高于其他业态形式，促进了经济和社会的发展。特别是形成了有明显特色的商业街区，是北京市的商业品牌建设的重要组成部分。

北京商业街区顾客满意度研究

本章的研究主题是顾客即消费者对北京主要商业街区的满意度评价，评价对象是王府井、西单、前门三个商业街区。研究发现影响满意度最大的因素为价格感知，其次为人员服务，再次为街区商品；比较各街区的顾客满意度，我们发现：虽然整体评价差别不明显，但通过分析各项评价指标得分的差异，商业街区的管理者和经营者依然可以找到改进经营、发展与管理的线索。

一、王府井、西单、前门商业街区

商业街区作为一个城市商业的缩影，是城市的精华所在，它以巨大的内聚力和辐射力形成了一个开放式、跨区域的商业群体，既有城市商业中心的功能，又具备现代购物中心的特点。

王府井、西单、前门无疑是北京三个最具影响力的中央型商业街区。它们的共同点是多功能、多业态、多业种、面积大、规模大、辐射强，但又各具特点。

1. 王府井

在北京享有金街美誉的王府井商业街是一条有历史悠久、享誉海内外的商业街。位于市中心的东长安街北侧，南起东长安街，北至中国美术馆的王府井大街可谓一个悠闲而热闹的真空地带。自明代以来商业活动就在此出现，具有700多年悠久历史的著名商业区。新中国成立之后它又是新中国商业经济的代表，如今它已成为集传统、现代、购物、休闲、商业、商务、文化、娱乐多种功能于一体的综合性商业街。

数百家著名的国内商号与海外品牌汇集在这条"寸土寸金"的商业街上，与京城古朴的文化氛围及炫目的商业气息相映成趣。王府井商业街的特点就是铺子老、名号大、街道宽、气派足，而这些在中国的商业街中，恐怕也只有占尽京城地利之便的王府井商业街能独享其尊了。

除了肯德基、麦当劳、星巴克等这些被约定俗成的"小坐场所"之外，王府井每隔几十米就有依着花坛而设的长椅，最美的一块休憩地在这条街的终点以外——东堂教堂门口。有一大块的空地，砌了花坛，开满花，比在步行街上能够遭遇的任何一个美女都能够让人屏住呼吸。

除了东方新天地、新东安等这个城市中有很多的Shopping Mall，步行街上还有一些具有不可复制性的商店。前面提到的工艺美术大厦之外，还有新中国儿童用品商场、北京市百货大楼、四联美发、中国照相、瑞蚨祥等[①]。

2. 西单

西单大街是北京最著名的传统商业区之一。这里"商贾云集，人气高涨"，日均客流量 20 万以上，行业涉及百货、餐饮、娱乐、金融等各个行业，在北京市商业格局中具有举足轻重的地位。

西单商业区目前有西单商场、西单购物中心、西单赛特商城、中友百货等多家大型现代化商场，有"桂香村"食品店、万里鞋店、"元长厚"茶庄等京城老字号商店。北京图书大厦是京城书迷的云集之地，总建筑面积约为 3.5 万平方米的西单文化广场是目前京城中心地区规模最大、环境良好和集休闲、娱乐、购物为一体的综合文化活动场所，商业街中心区域为休闲广场，地下设有餐厅、市场、电影院、保龄球馆、游泳池、攀岩和国内最大的镜宫的西单文化广场，成为了长安街沿线面积最大的文化娱乐场所。西单以商业为主，各种服务业同步配套发展，呈现出交错经营的趋势，市场定位按消费群体划分，商品档次以中高档为主，突出了"专"而"全"的特色，能满足各阶层人士的需要。

---

① 资料来源：百度百科。

3. 前门

北京前门大街原称"天街",是拥有数百年历史,具有众多商业老字号和商家店铺的百年著名传统商业区,是驰名中外的旅游购物中心。已经修缮改造的前门大街,恢复20世纪二三十年代的建筑风格,汇聚约80家"中华老字号"餐馆和商铺;街面换铺青条石,恢复皇家御道,有轨电车(铛铛车)、五牌楼和广合查楼大戏台,成为南北主路长逾800米的一条步行街。传统商业步行街将建立三线、五片、九点旅游线。三线为前门大街、鲜鱼口街、布巷子品牌街;五片为京味文化、中外美食、品牌购物、四合院文化、休闲保健;九点是阳平会馆、前门古建群、广和文化广场、全聚德烤鸭店、湖北会馆、天乐园茶楼、月亮湾绿色园、台湾会馆、时代广场①。

二、顾客满意度的测量

1. 顾客满意度

顾客满意（CS,Customer Satisfaction）,是指顾客对一件产品满足其需要的绩效（Perceived Performance）与期望（Expectations）进行比较所形成的感觉状态。菲利普·科特勒认为,"顾客满意"是指一个人通过对一个产品的可感知效果与他的期望值相比较后,所形成的愉悦或失望的感觉状态。亨利·阿塞尔②也认为:"当商品的实际消费效果达到消费者的预期时,就导致了满意,否则,则会导致顾客不满意。"顾客满意/不满意有程度的区分,顾客满意水平的量化就是顾客满意度。顾客满意度是一种心理状态,也是一种自我体验。对这种心理状态也要进行界定,否则就无法对顾客满意度进行评价。心理学家认为情感体验可以按梯级理论进行划分若干层次,相应可以把顾客满意程度分成7个级度或5个级度。7个级度为:很不满意、不满意、不太满意、一般、较满意、满意和很满意。5个级度

---

① 资料来源：百度百科。
② 美国市场营销学教授,出版有《消费者行为和营销策略》等著作。

为：很不满意、不满意、一般、满意和很满意。

顾客满意度是一种从消费者角度客观地对企业经营状况进行评价的一种手段，并一直被作为判断一个企业是否具有竞争优势的度量方法，也被作为度量商业经济运行健康状况的晴雨表。

顾客满意度是一个变动的目标，能够使一个顾客满意的东西，未必会使另外一个顾客满意，能使顾客在一种情况下满意的东西，在另一种情况下未必能使其满意。只有对不同的顾客群体的满意度因素非常了解，才有可能实现100%的顾客满意。

2. 各国的顾客满意度指数

顾客满意度指数（CSI，Customer Satisfaction Index）就是从总体、综合的角度，将顾客满意度的衡量指数化，即消费者对企业、行业、甚至国家在满足顾客需求方面进行评价，它与生产率指标的主要区别是：后者偏重于衡量产出的数量，而前者主要是从顾客角度衡量产出的质量。因此，该指数为传统的经济指标提供了有益的补充，成为目前许多国家使用的一种新的经济指标。

自从卡多佐（Cardozo）在1965年将顾客满意度的概念引进营销学领域，各国对顾客满意度的理论研究和实践应用取得了长足发展[2]。零售行业顾客满意度的研究也可主要分为两种研究路线：一条路线是以顾客满意指数理论为基础的零售企业顾客满意度测量（Johnson and Fornell，1991[7]；Fornell，1992[8]；Fornell，Johnson，Anderson，Cha and Bryant，1996）[9]，其主要特点是从宏观上测量企业的顾客满意度状况；另外一条路线是以服务质量（Service Quality，SERVQUAL）理论为基础的顾客满意度测量（Parasuraman，Zeithaml and Berry，1985，1988；Parasuraman，Berry and Zeithaml，1991[10]），其主要特点是能测量更加细节的影响顾客满意度因素的状况。

顾客满意度指数是在期望不一致理论基础上发展起来的（Oliver，1980[11]；Oliver，1981[12]；Cadotte，Woodruff and Jenkins，1987[13]；Oliver，1996[14]）。如图1所示，如果消费者感知与消费者预期相一致，或消费者感知超过消费者预期,则消费者表现为满意;如果消费者感知低于预期,则消费者表现为不满意。

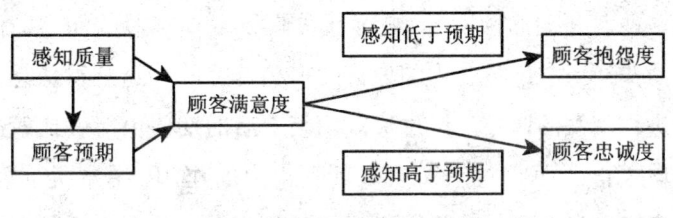

图1 期望不一致理论示意

3. 瑞典顾客满意度指数

瑞典是第一个推出顾客满意度指数的国家,1989年瑞典率先开始测量和公布瑞典消费者满意指数(Sweden Customer Satisfaction Barometer,SCSB),由Claes Fornell设计,运用瑞典统计局收集的数据,分别编制瑞典国家指数、各经济领域指数和各类公司指数。SCSB的范围包括30多个行业,100多家公司,22300多个顾客样本。

图2 SCSB模型图示

瑞典顾客满意度晴雨表指数模型如图2所示,其核心概念是顾客满意。它是指顾客对某一产品或者某一服务提供者迄今为止全部消费经历的整体评价,这是一种累积的顾客满意,现行的各国顾客满意度指数模型均采用这一概念,主要是因为消费者不是以某一次消费经历来判断其消费满意度,而是以迄今为止累积起来的所有消费经历为基础来做出未来是否重复购买的决策。因此,与特定交易的顾客满意相比,累积的顾客满意能更好地预测出消费者后续的行为顾客忠诚以及企业的绩效,以它作为指标来衡量经济生活的质量也更有说服力。模型中顾客满意有两个基本的前置因素顾客期望和感知绩效。感知绩效又称之为感知价值,即商品或服务的质量与其价格相比在顾客心目中的感知定位。感知绩效越高，顾客满意度也随之提高。模型中的顾客期望是指顾客预期将会得到何种质量的产品或服务，这是一种"将会的预期"。顾客通常具备一种学习的能力，他们会通过以前的消费经历、广告、周围人群的口头传播等渠道获得信息，对自身的期望值进行理性的调整。经过反复调整之后的期望值能够比较准确地反映目前的质量，因而它对感知绩效具有正向的作用。在特定的某次交易中，顾客满意由目前质量和预期之间的差额决定。而在累积顾客满意的测评中，总体顾客满意是过去感知质量和将来预期质量的函数。顾客期望的增加/减少会导致顾客满意短期内的减少/增加，但增加/减少的顾客期望的长期影响会超过其短期影响，导致累积的顾客满意的减少/增加。因此模型中顾客期望与顾客满意正相关。模型将顾客抱怨作为顾客满意的结果，当顾客对某一组织所提供的产品或服务不满意时，他们会选择两种渠道来表达这种不满意——停止购买该产品或服务，或者向该组织表达自己的抱怨或不满，以获得赔偿。顾客满意度的提高会直接导致顾客抱怨行为的减少。从顾客抱怨到顾客忠诚的方向和大小可表明组织的顾客抱怨处理系统的工作成果。若测评得出顾客抱怨到顾客忠诚之间的关系为正，则意味着组织通过良好的抱怨处理系统将不满的顾客转化成为忠诚顾客，反之则意味着这些对组织不满的顾客极有可能流失掉。模型的最终变量是顾客忠诚，在此被宽泛地定义为顾客重复购买某一特定产品和服务的心理趋势。忠诚的顾客意味着持续的重复购买、较低的价格敏感度、较少的促销费用等，是组织盈利能力的一种表现。[15]

4. 美国顾客满意度指数

随后，美国在1994年建立了由美国密歇根大学商学院、美国质量协会（American Society of Quality，ASQ）等单位联合编制的美国消费者满意指数（american customer satisfaction index，ACSI）。美国顾客满意指数（ACSI）对瑞典顾客满意指数（SCSB）模型进行了修正，将质量感知从价值感知中分离出来；并从三个方面考察质量感知：总体质量感知，产品与服务满足顾客需求的程度（customization），以及这些需求满足的可靠程度（reliability)(Deming, 1981);同时分别考察产品和服务的质量感知。

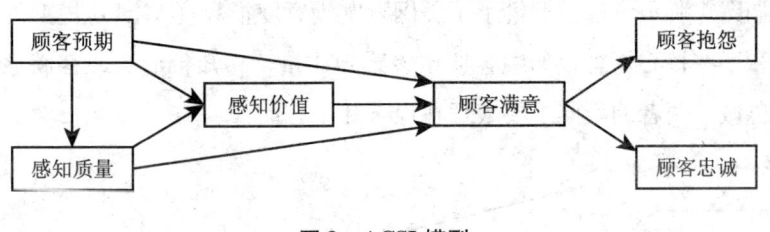

图 3 ACSI 模型

美国顾客满意度指数模型如图 3 所示,是在瑞典顾客满意度指数(SCSB)模型的基础上创建的。模型中感知价值仍然沿用最初的模型中测度感知绩效的两个标识变量相对于价格的质量评判和相对于质量的价格评判。模型主要创新之处在于增加了一个潜在变量——感知质量。如果去掉感知质量及与其相关的路径,模型几乎可以完全还原为模型。模型设计了质量的定制化、质量的可靠性以及质量的总体评价三个标识变量来度量感知质量。其中定制化是指企业提供的产品或服务满足异质化的顾客需要的程度,可靠性是指企业的产品或服务可靠、标准化及没有缺陷的程度。增加感知质量这一概念和相关的路径有两大优势:一是通过质量的三个标识变量,可以清楚地知道定制化和可靠性在决定顾客的感知质量中所起的不同作用。二是感知质量侧重于单纯的质量评判,而感知价值偏重于价格因素方面的评判,通过比较它们对顾客满意的影响,可以比较明确地分辨出顾客满意的源头出自何处,是质量制胜还是成本领先,使管理者采取相应的管理措施。为了和感知质量的测度保持一致,模型中顾客期望的标识变量也分为三个关于定制化的期望、关于可靠性的期望以及总体的期望值。模型通过两个标识变量来度量顾客忠诚首先以一个十个等级的里克特式量表测度顾客重复购买的可能性。如果结果显示该顾客会重复购买,则进一步调查使得该顾客绝对停止购买的最大涨价幅度反之则会调查该商品或服务降价百分之多少才会使原本打算停止购买的顾客回心转意。

5. 欧洲顾客满意度指数

欧洲于 1999 年建立了各自国家的欧洲顾客满意指数(european customer satisfaction index, ECSI)。

如图 4 所示，该模型继承了美国顾客满意度指数（ACSI）模型的基本架构和一些核心概念，如顾客期望、感知质量、感知价值、顾客满意以及顾客忠诚，两者的不同主要表现在以下几个方面：

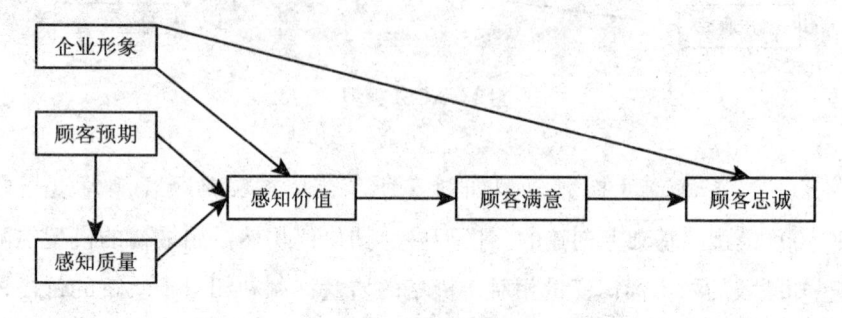

图 4 ECSI 模型

第一，在模型的架构上，首先去掉了模型中顾客抱怨这个潜在变量。将顾客抱怨作为顾客满意结果的理论基础是 Exit - voice 理论（退出投诉理论）。在该理论提出时，公司关于顾客抱怨的处理系统或者还没有建立，或者即使建立了也处于起步阶段。这时，将顾客抱怨看作是顾客不满意的一种后续行为理所当然。但是近十几年来，人们越来越意识到对顾客抱怨处理的重要性，很多公司甚至将其作为提高顾客满意度的一种手段，这就使得仍将顾客抱怨作为顾客满意的结果欠妥，挪威、瑞典、美国的一些学者联合起来建立了一个新的模型，在模型中将顾客抱怨作为顾客满意的前置因素。然而在对挪威境内 5 个行业的 6900 名顾客的调查结果显示：抱怨处理对顾客满意或者顾客忠诚均没有显著的影响。这和心理学上的某些观点是吻合的，即在人们的心理上，一个单位的损失要比一个单位的获得显得份量更重。抱怨处理至多只能让顾客恢复到没有"不满意"的程度，却不能使顾客达到"满意"的程度。其次，模型增加了另一个潜在变量——企业形象。它是指顾客记忆中和组织有关的联想，这些联想会影响人们的期望值以及满意度的判别。态度和预测人们行为的行为意图在机能上相联系。因此，作为一种态度的企业形象也对属于行为意图的顾客忠诚有影响。

第二，在模型的度量上，美国顾客满意度指数（ACSI）模型从1996年以后才只针对耐用品类商品分别测度其产品质量和服务质量。但是模型在针对所有行业的测评中，都将感知质量统一地拆分为针对产品的质量评判和针对服务的质量评判。同时，欧洲顾客满意度指数（ECSI）模型将顾客忠诚的标识变量转变为三个顾客推荐该公司或该品牌的可能性、顾客保持的可能性、顾客重复购买时是否会增加购买量。[16]

三、三个商业街区的顾客满意度测量

我们对王府井、西单、前门三个商业街区顾客满意度进行的研究，是从消费者的角度出发，以质量→满意链理论为理论框架（Oliver，1997，p403；Johnson and Gustafsson，2000[18]）。在这里，质量是指由消费者感知的由商店提供的影响顾客满意度的全部因素，也就是我们在前面提炼出来的5个影响满意度的因素。这个理论认为消费者对商店质量的感知直接影响总体满意度，而满意度又直接影响忠诚度。影响满意度的各个驱动因素可能存在一定的相关性，但是由于我们在提取因子时是基于探索性因子分析，所以各因子之间的相关性不会太大。本次研究的模型设计如图5所示。

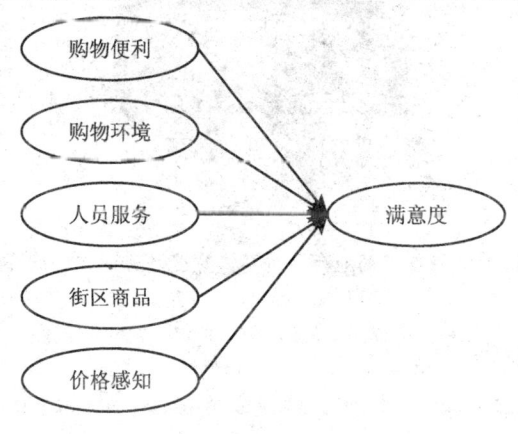

图5 满意度模型

1. 调研样本

被调查对象按照3个条件进行遴选：①在最近一个月内在王府井、西单、前门商业街有过消费行为的消费者；②本人或家人没有从事零售、市场营销或广告工作；③半年内没有接受过与零售有关的市场调查。第一个甄别条件是本次研究对调查对象的限制，而后两个条件是为了保证调查数据的质量，因为符合后面两个条件的研究对象对市场调查的特点比较清楚，有可能给出不真实的数据。[19]

调查所采用的方法是现场拦截访问和网络调研相结合。共发出问卷300份，回收250份，回收率83.33%，最后完成有效问卷245份，有效率为98%。

（1）样本性别分析。

如图6所示，根据调研的顾客样本中，女性有115人，男性有130人，男女的性别比例分别为53.1%和46.9%，男性的比例要略高于女性的比例。

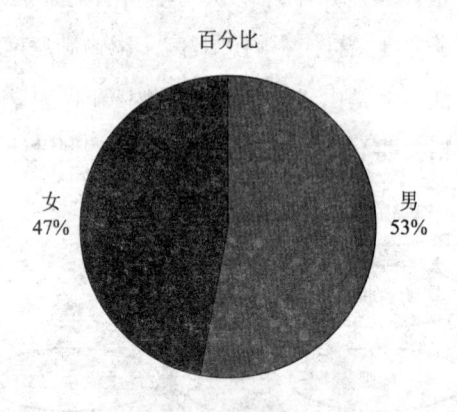

图6 北京重点商业街区顾客满意度研究样本性别分布

（2）样本年龄分析。

从图7可看出，26~35岁年龄段的人最多，占样本的42.86%，36~45岁年龄段和19~25岁年龄段的顾客比例也比较多，这个结果符合我们的预期结果。这个现象也说明，在北京重点商业街区的消费者主要还是以青年和中年为主，这个也符合消费群体特征，因为青年消费者和中年消费者都具备了一定的经济实力，有能力在这种场所进行理性消费，同时这个年龄段的消费者购物需求较其他年龄段要大。

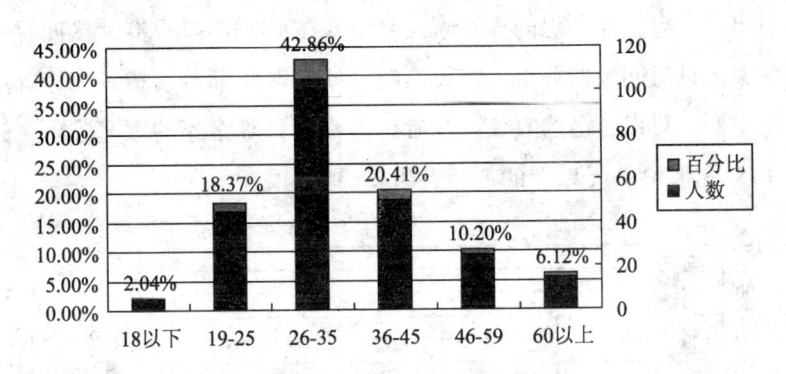

图7 北京重点商业街区顾客满意度研究样本年龄分布

（3）样本教育状况分析。

从图8中可以看出，调研样本的教育状况主要集中于本科和硕士及以上。这个说明被调研的消费者群体的教育素质整体比较高，而学历高的消费者占据了本次调研样本的大多数，从另一个角度也说明，教育程度高的人群更喜欢来商业街区购物，同时也说明商业街区多样化的购物环境能满足教育程度较高的消费者的需求。

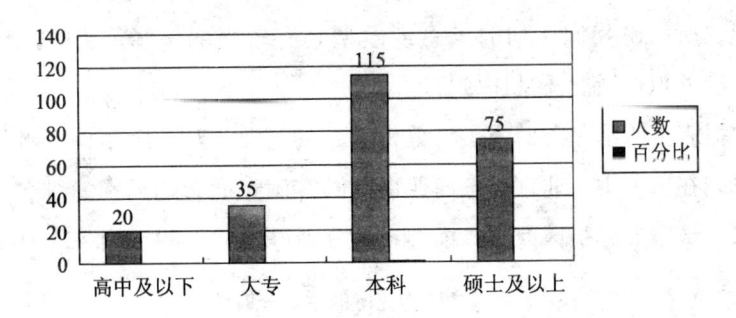

图8 北京重点商业街区顾客满意度研究样本教育状况分布

(4) 样本家庭收入分布。

样本家庭月收入的分布如图9所示，月收入在5001－10000元和5000元以下的样本是消费群体的主体，占到了调研对象的近70%，这个调研结果有点出乎意料，与预想的样本家庭月收入在10001～20000元区间存在一点差距，经过对问卷的分析，发现当时调研的时候部分消费者在选择家庭收入的时候，只以自己的收入为基础，而没有计算全家的家庭收入，这可能是本次调研5000元以下的消费者居多的原因之一。

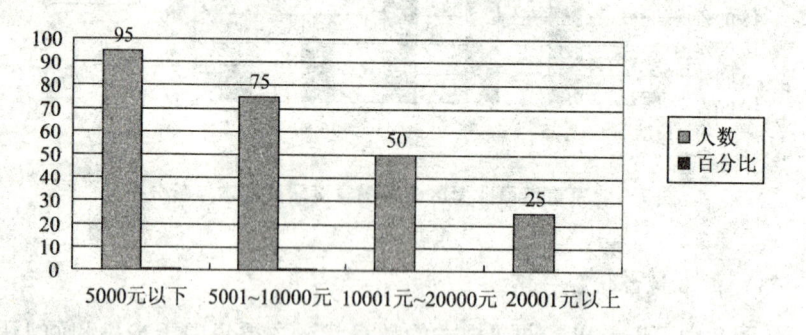

图9 北京重点商业街区顾客满意度研究样本收入分布

2. 影响商业街区顾客满意度的主要因素

我们对三个商业街区的顾客满意度调研结果显示，满意度模型的R^2为0.335，这个结果说明5个测量因子能够很好的解释满意度大多数的变异情况，所以说我们所列的满意度模型具有较强的解释能力，总体上来说，模型的拟合情况还是比较好的。

根据表1所示，我们为了将分析数据的需要，每一个结构变量的平均分值也列在了表中。北京重点商业街区顾客满意度影响因素的排名为价格感知、人员服务和街区商品，模型系数分别得到了0.39和0.32，0.197。

表1 结构变量的平均分值

结构变量	模型系数	P值	平均分值
购物便利→满意度	0.147	0.133	69.302

续表

结构变量	模型系数	P值	平均分值
购物环境→满意度	-0.224	0.012	73.447
人员服务→满意度	0.32	0.000	72.925
街区商品→满意度	0.197	0.022	69.578
价格感知→满意度	0.39	0.000	66.477
满意度			72.774

基于这个结果，我们可以进行如下分析：5个结构变量中除了购物环境外，其他4个结构变量都对顾客满意度产生显著的影响，对顾客满意度影响最大的是价格感知这个变量，这个结果也符合我们的事先预期，因为对于大多数消费者来说，他们对价格的敏感度还是比较高的。从数据分析的结果可以看出，价格感知的影响系数为0.39，即每提高一个单位的价格感知，满意度会上升0.39个单位。排在第二位的是人员服务，影响系数为0.32，即人员服务的质量每提高一个单位，满意度会上升0.32个单位，从这个结果可以看出，随着人们生活水平的提高，消费者对于服务人员质量的要求越来越高，服务质量的提高也能很大程度的提高消费者的满意度。排名第三的是街区商品，影响系数为0.197，即街区商品每提高一个单位，满意度会提高0.197个单位。街区商品这个测量因子包含了商品质量和品牌布局等观测变量，说明商品质量对满意度的影响因素还是很大的，这同瑞典顾客满意度指数模型的结果还是相通的，质量在很大程度上影响了顾客满意度。购物便利排在第四位，影响因素为0.147，说明购物便利对顾客的满意度影响不大，这个结果跟以往我们的认识有点偏差，通常我们都认为，购物场所近，交通便利性会提高顾客的满意度，但从这次的调研结果来看，购物便利的影响因素不高，这可能是因为王府井、西单、前门商业街区自身的地理位置比较好，相对来说交通比较方便，同时也说明便利性对于消费者来说已经不是什么大问题了，只要这里的商店品牌、质量有

保证，消费者还是很认可这几个街区的商品，还是会经常到这个商业街区进行休闲和消费。在访谈中，遇到了一个居住于北五环的消费者，消费者对于购物距离并没有多大的抱怨，反倒是这里多样化的商品和较高的质量保证，以及便捷的停车场所提高了他的购物满意度和忠诚度。唯一呈现负数的指标是购物环境，这个结果也有点出乎意料，可能相对于其他几个指标来说，购物环境对商业街区顾客满意度没什么影响。

根据上面的结果为基础，我们可以进行以下五个方面的概括：

（1）消费者在商业街区的消费最为重视的是商品价格。

这说明物美价廉还是北京市消费者最为关心的一个方面，消费者对于价格的敏感性还是很强。从问卷中所展示的观测变量分析，大多数消费者认为商业街区的价格并不完全符合个人的期望，有些商品还是感觉价格偏贵了些，所以在价格划算那个观测变量，大多数消费者的打分都不高。但是结合商业街区本身的品牌竞争力，综合服务和环境考虑，大部分消费者认为价格还是可以接受的。

（2）北京市消费者对于服务质量有了更高的要求。

从问卷调研结果中可以看出，商业街区服务人员的服务态度总体来说还是比较好的，尽管少数的消费者给了差评，但大多数的消费者还是给了不错的分数。当然，这三个商业街区服务的专业水平还是得到了消费者的一致好评，说明这几个在北京很有代表性的商业街区服务人员的专业水平还是值得肯定的，这也从另一个侧面反应了商业街区对于服务人员的遴选和培训还是下足了功夫。服务质量的另一个观测指标选择了工作人员解决问题的能力，从问卷结果中可以看出，工作人员快速解决消费者问题的能力还是不错的，得到了很高的分数。在现场的采访中，消费者也表扬了该街区的工作人员解决问题的能力。

（3）街区商品的影响系数排在了价格感知和人员服务之后，位列第三位。

此结构变量选取了街区商品的布局合理性、商品质量作为这个影响因子的观测变量，消费者普遍感觉商业街区的商品质量高，值得信赖。同时，品牌布局总体而言比较满意，消费者能根据商业街区和商店的指示牌迅速地找到自己所需要的商品。这个调研数据很客观的说明了我们调研的三个街区不管是从商品质量还是街区布局方面都比较令人满意。

(4) 购物便利对于北京市商业街区的顾客满意度影响不是很大。

里面的两个观测变量是方便到达和停车方便，从问卷的结果可以看到，方便到达和停车方便两个观测变量得到了大多数消费者的肯定。方便到达这一项说明大多数消费者还是能够很顺利地到达王府井、西单、前门三个商业街区，同时，这三个商业街区本身的地理位置比较好，处于北京市区的中心地带，地铁公交等交通设施比较齐全，消费者可以根据自己居住地的远近选择出行方案。另外，王府井、西单、前门三个商业街区周围不断新增的停车位也大大满足了驾车前来商业街区进行休闲娱乐的消费者的停车需求。这些因素可以说明购物便利不再是一个影响满意度的显著因素了，这个结果将有助于以后我们设计调研问卷时对这项的选取和修改。

(5) 购物环境对消费者的满意度没有影响。

由于本项对满意度没有明显影响，在此便不再叙述。

这5个特点是本次研究发现的核心内容，消费者还是对价格更加敏感一些，物美价廉是消费者在商业街区购买商品的首要因素，这个是很容易理解的，毕竟价格的竞争优势还是比较大的。价格低廉能够刺激消费者的购买欲望，质量好的商品又能给顾客一个很好的购物体验和购后感知，质量好价格低能够提高顾客的满意度，进而提高顾客的忠诚度。这次研究的意外收获是，服务质量对北京市商业街区顾客满意度影响系数比较高，这也说明，商业街区的消费者不再单独的关注于产品质量、产品价格，而是对购物时的实际体验有了更多的关注，这表明消费者希望在购物时，不仅获得一个满意的产品，而是从购物开始时到购物结束的整个过程获得一个满意的购物经历，消费结束时使消费者有身心愉悦的感觉，进而在消费者的潜意识里有了再次购买的欲望。这就要求我们商业街区的服务人员在面对消费者时，要努力地提高自己的服务态度，提高自己的服务质量，提高自己服务的专业水平，提高解决应急问题的能力，从而实现这个消费过程的满意而不仅仅是结果的满意。街区商品的影响因素排在第三位，消费者对产品质量的要求排在了服务质量的后面，也不算意外，首先说明了这三个商业街区的商品质量有保证，消费者已经不需要过多关注商品本身的质量问题。同时，消费者对于专业服务的要求提高了，对于产品本身质量的信任，促使影响消费者的满意度因素发生了转移，消费者希望从服务人员那里获得更加专业和优质的服务。

这次研究还发现了一个有意思的现象，就是购物便利不再是消费者关注的重点，为什么会有这样的结果呢？我们认为，可能是发达的交通实现了消费者的购物便利，同时良好的商业街区的信誉，将使一部分消费者产生消费忠诚，即使住处稍远些，也会因为顾客的忠诚度而驱车前往。另外，三个商业街区本身所处的位置，也能使消费者方便的到达。这也说明，购物便利性已经不再是消费者考虑的问题了，由此购物便利性对顾客满意度的影响也就不那么显著。

3. 各商业街区的顾客满意度

为了体现王府井、西单、前门各商业街区的顾客满意度具体情况，我们将影响北京市商业街区的顾客满意度各要素进行了详细的分析。同时，我们还针对王府井、前门、西单三个商业街区进行了对比分析，根据这些因子，进行了要素的平均值分析，让读者更加直观的看到两个街区的各项因子的比较分数。

从表2来看，这三个商业街区的表现都需要提高，因为各项指标的平均值都在80分以下。同时，这三个商业街区的总体顾客满意度分值还存在一定的差距，前门的顾客总体满意度最高，获得了76分，西单的最低，只得到了68.5分。根据前面我们总结的5点来看，在价格感知方面，前门得到了68分，王府井66分，西单仅得到63分；在服务质量方面，王府井比前门略微高些，分别为73分和72分，西单的服务质量最低，只有65分；在街区商品方面，三个街区的分数都不高，西单最高，接近71分，王府井次之，接近70分，前门得到了67分；在购物便利方面，西单得到了73分，王府井和前门商业街区的分数难分伯仲，都在70分左右；在购物环境方面，三个商业街区得到了不错的评价，分别为73分和72分。

表2　街区比较

王府井		西单		前门	
	平均值（分）		平均值（分）		平均值（分）
购物便利	69.186047	购物便利	73	购物便利	70
购物环境	73.545549	购物环境	72	购物环境	72.857143
人员服务	73.015873	人员服务	65.33333	人员服务	72.380952
街区商品	69.904101	街区商品	70.66667	街区商品	67.619048
价格感知	66.127646	价格感知	62.66667	价格感知	68.571429
满意度	72.165179	满意度	68.5	满意度	76.428571

三个商业街区因其不同的经营特色，在体现顾客满意度的各项指数上也有着不同的表现。

（1）对价格的满意度评价。

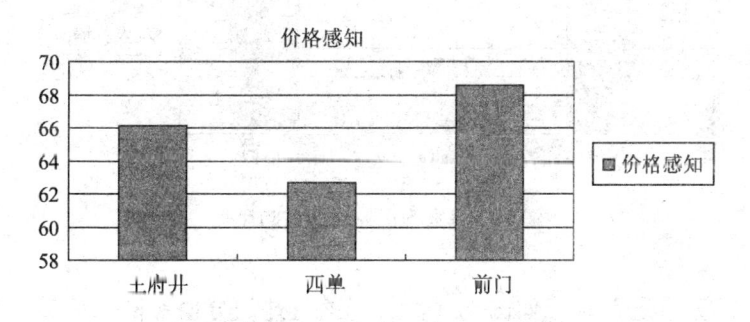

图10　商业街区价格感知的比较

价格感知方面（如图10所示），前门的表现较为突出，这主要是因为前门街区具有老北京地方特色的经营模式，前门街区主要以经营老字号的产品为主，产品价格弹性不大，同时竞争性较其他类型的商品小，总体来讲，老字号产品的销售依托于其的品牌效应，消费者对于价格的敏感度相对于王府井那种大商场里商品就价格的敏感度要小些。王府井商业街区的商品，由于其存在各种零售业态，有些店铺的商品价格相对来说比较高，而且王府井商业街还有部分奢侈品店，所以从价格感知方面，王府井商业街商品的价格相比前门而言不具有竞争优势，消费者更加认可前门街区的商品价格，这也说明前门街区的商品价格更令消费者满意。西单商业街区的商品在价格感知这一项只得到了62.7分，这个可能是因为西单有君太、中友这样的大型购物商场，商品价格不具有竞争优势，同时也有明珠商场这样的零售批发市场，商品质量良莠不齐，难以保证，所以，同前门和王府井两个商业街区的商品价格感知来看，顾客还是更加理性的从商品质量出发判断商品价格，西单在价格感知的比较上明显占了下风。作为西单的管理者来说，这项分数的明显劣势来自于商品质量的良莠不齐，需要把控好商品质量关，重塑出良好的商店形象。

（2）对服务质量的满意度评价。

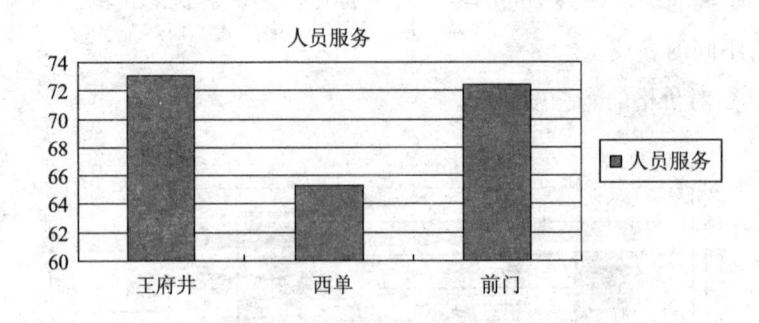

图11 商业街区人员服务的比较

在服务质量方面（如图11所示），王府井的分值要高于前门的分值，这一点也很好解释，王府井商业街区属于一条历史悠久的商业街区，同时王府井商业街区集传统、现代、购物、休闲、商业、商务、文化、娱乐多种功能于一体的综合性商业街，吸引了越来越多的本地消费者和外地消费者前去消费。近年来，王府井发展更快，从南口北京饭店入街北行，牌匾高悬、店铺森然、人头攒动如流水一般，从早到晚，每天进入这条街的中外顾客多达百万人次。这条大街现在已经拥有了亚洲最大的商业楼宇，密度最大、最集中的大型商场、宾馆与专卖店。这样日益积累的顾客消费体验，也为王府井商业街区的管理者提供了充足的管理经验，同时，因为王府井商业街区的人流量比较大，作为这里的服务人员也有充足的服务经验，这一点是王府井商业街区的极大优势。另外，前门商业街区是重新修缮后的街区，服务经验可能较王府井商业街区要少一些，所以服务质量的分值略低于王府井。西单在人员服务上获得了较低的分数，这个可能与因为西单商业街区定位不明确，各种类型的店铺都有，服务质量参差不齐有关。所以作为西单商业街区的管理者，要加强对街区服务人员的管理和培训，提高服务人员的服务意识和服务水平，这样才能提高街区的服务质量，从而提高本街区的顾客满意度。

（3）对商品选择性的满意度评价。

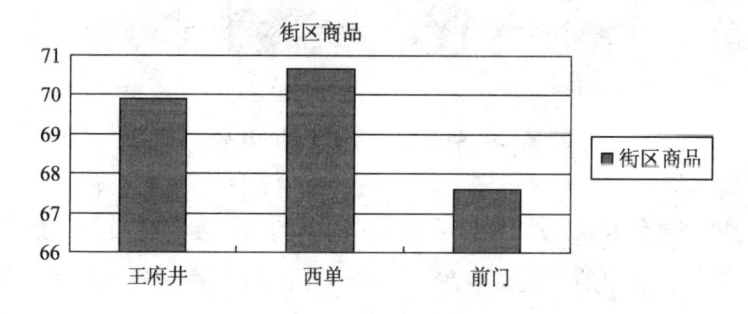

图12　商业街区街区商品的比较

在街区商品方面（如图12所示），西单街区的商品获得了比较不错的分数，这可能是因为西单街区的商品价格具有低廉的优势。相比于其他两个商业街区，西单的商品价格相对来说还是比较划算的。王府井商业街区也有比较明显的优势，这主要因为王府井商业街这条充满现代气息、高品位、高标准的国际化中心商业街，与法国的香榭丽舍大街结为友好姐妹街，使它的国际地位不断提高。百货大楼、外文书店、丹耀大厦、工美大楼、王府女子百货商店、穆斯林大厦、新东安市场与盛锡福、同升和、东来顺、全聚德、四联美发、百草药店构成了这条810米商气十足的现代化商业街。这里的商品品种繁多，日用百货、五金电料、服装鞋帽、珠宝钻石、金银首饰等，琳琅满目，商品进销量极大，号称"日进斗金"。百货店、专业店、娱乐设施等布局比较合理，各种品牌齐聚其中，最大程度地满足了不同消费者的消费需求。这里多样化的商品可以满足大多数消费者一站式购物的需求，同时经过多年的积累，王府井商业街区的定位已经比较成熟和明确，商业街区和店内商品的布局也愈发合理。当然，前门商业街在修缮完后，也是焕然一新，自身的定位也愈加成熟。

（4）对购物便利性的满意度评价。

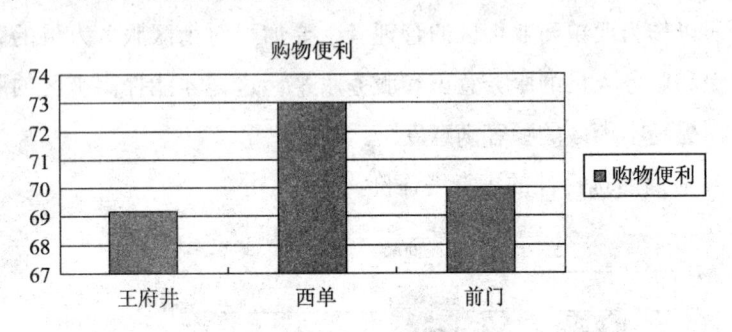

图 13 商业街区购物便利的比较

在购物便利方面（如图 13 所示），西单的购物便利性最好，获得了 73 分，王府井和前门的分值差距在一分以内，前门的平均分值达到了 70 分，王府井商业街区的分值为 69.2 分。

（5）对购物环境的满意度评价

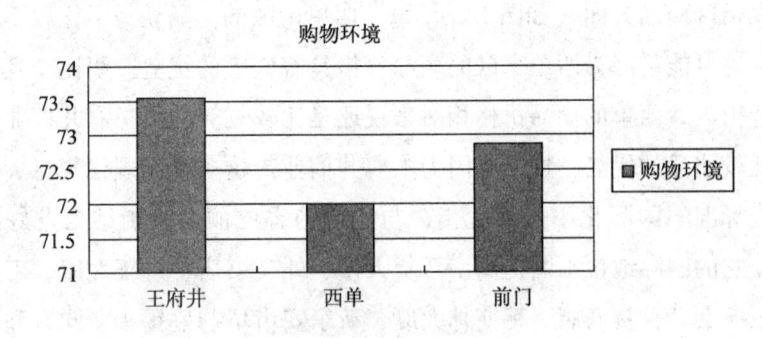

图 14 商业街区购物环境的比较

在购物环境方面（如图14所示），王府井商业街区的分值略高于前门商业街区的分值，两个购物环境的分值都高于70分，说明两个商业街区的购物环境还是得到消费者的肯定的，从现场调研来看，街区的座椅、绿色植物、示意图、厕所、垃圾桶等比较齐全，不同店铺之间的设计与布局都比较合理，所以在五个影响满意度因子的分析中，购物环境这一项得到了相对不错的分数，也说明大家还是对购物环境这一影响因子比较满意的。相比较而言西单的购物环境不是太令人满意，这个主要因为西单商业街区的街面条件不是太好，影响了顾客的打分。

（6）总体满意度

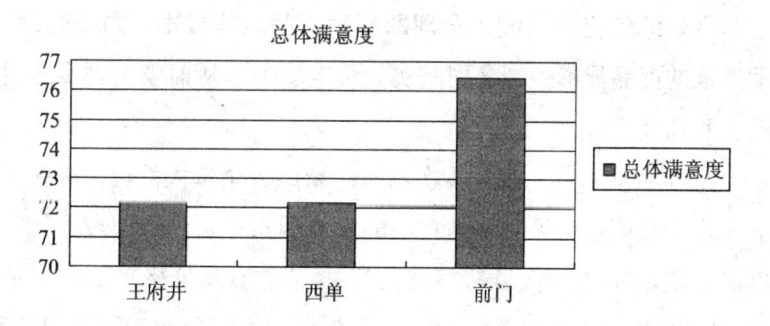

图15　商业街区整体满意度的比较

在总体满意度方面（如图15所示），前门商业街区比王府井商业街区的总体满意度高，西单最低。比较影响满意度的因子可以看出，价格感知的影响系数最高，而前门商业街区的价格感知所获得平均分值高于王府井商业街区在价格感知这一项中所获得的平均分值2分之多，再加上价格感知的影响系数，这样产生了总体满意度的较大差距。而西单除了在购物便利和街区商品领先外，其他两个所占权重比较大的因子都获得了较低的分数，这在很大程度上影响了其总体满意度。

4. 启示

（1）本次研究发现影响顾客满意度的因素的权重在不同的商业街区之间不存在显著性差异，这说明消费者评价满意度的标准还是大致相同的，作为商业街区的管理者来说，要提高本商业街区的竞争力，就要脚踏实地的在影响每个满意度因子上面下工夫,结合自己街区的实际情况,使自身商业街区在权重比重较大的影响因素上胜出,并同步提高其他的顾客满意度影响因素,从而提高整个商业街区的竞争力,提高顾客的满意度。

(2)价格感知作为本次研究结构中权重最大的一项,说明消费者对于价格很敏感,商业街区要想提高顾客的满意度,在商品价格和商品质量上需要多加努力。对于消费者来说,还是青睐物美价廉的商品,所以商业街区的商家们要想取得价格优势,就要在保证商品质量的前提下控制商品成本,从而控制商品价格,使得本街区的商品具有价格优势。另一方面,要想最大效度的控制商品成本,商业街区的各商家要重视物流系统,同供应商建立起良好的供应链系统,合理的控制商品运输成本,强化管理意识,使商业街区的商品能够做到名副其实,价廉物美,从而吸引更多的消费者前来购买和消费。

(3)对服务质量的重视是本次调研结果的一个重大发现,服务质量是影响北京市重点商业街区顾客满意度的重要因素,它已经超过了街区商品在顾客满意度的重要性。虽然整体的影响权重不及价格感知,但是高达0.32的权重系数还是表明了商业街区消费者对服务质量的重视,尽管服务质量与最后的销售成果不是直接的关系,但是优质的服务能增加消费者的购买欲望,并能提高消费者的顾客满意度进而提高顾客忠诚度,促使消费者产生二次购买的愿望,从而间接的增加了商店的销售业绩。所以,作为商业街区的服务人员,要重视服务质量这一块,提高街区服务人员的服务水平和专业素质,提高服务人员解决问题的水平,提高顾客的购物实际体验。通过提升服务质量来提高顾客满意度。

(4)购物便利性已经不是影响顾客满意度的主要因素了,购物便利性在5个因子中排名第4,说明购物便利已经不是商业街区消费者所关注的重点了,主要原因在于三个街区的位置都处于市中心,交通比较方便,停车也比较方便。而且随着顾客满意度的提高,顾客忠诚度的提高,商业街区的品牌效应日益增加,消费者不再单纯的以距离远近来考虑购物的便利性,更多的从购物便利的引申意义来感知,比如停车便利性和交通便利性。

（5）商业街区的比较分析结果说明，商业街区的整体满意度分值都不高，没有超过 80 分，这个结果不是很好，而且街区商品的分值没有到 70 分，说明消费者不太满意街区商品这个影响因素，这个结果是很不好的，因为根据传统的满意度研究模型，商品质量导出顾客满意，街区商品的观测变量中很重要的一个观测变量是商品质量，如果商品质量不能得到消费者的足够认同，那么再优质的服务与价格优势也是无济于事，所以我们仅仅从商业街区的管理模式进行改进是不够的，商品质量的影响因子虽然不及感知价格和服务质量，但是作为满意度的根本，值得我们街区的每个店面的经营管理者高度重视。

随着中国城市化进程的明显加快，城市功能也日趋完善，商业街区作为城市发展的一个重要标志，越来越受到全国各地各级政府的重视。现代商业街区是城市商业的缩影，是城市的精华，它是以巨大的内聚力和辐射力形成一个开放式、跨区域的商业群体，既有城市商业中心的功能，又具备现代购物中心的特点。作为北京市的重点商业街区，要建立完善的管理与服务体系，政府、行业协会以及相关部门应该联合起来共同努力，制定并施行特殊政策，要调动商业街区的商家参与管理工作的积极性和主动性。这种参与要贯穿于从管理方案的制定到管理方案的执行全过程，这样在管理过程中才能得到商家的配合与支持，避免管理者与商家不必要的对立。管理机构要有较强的协调能力，因为商业街区的管理不同于一般街道，大都处于城市中心地带，是比较敏感的地区，情况往往比较复杂，是各业务主管部门的管理重点，商业街区出台并实施特殊政策，如果没有有关部门的支持配合，很难有所成效。

参考文献

[1] 王高，李飞，陆奇斌. 中国大型连锁综合超市顾客满意度实证研究[J]. 管理世界，2006(6)：101－110.

[2] 熊曙初，罗毅辉. 大中型零售企业顾客满意度模型实证研究[J]. 华东经济管理，2008(8)：129－136.

[3] 刘新燕. 顾客满意度指数模型研究[M]. 中国财政经济出版社, 2004.

[4] 刘新燕, 杨智, 刘雁妮, 等. 大型超市的顾客满意度指数模型实证研究[J]. 管理工程学报, 2004(3).

[5] [美]菲利浦·科特勒. 营销原理[M]. 北京: 中国人民大学出版社. 2003.

[6] Johnson, M D, C Fornell, A Framework for Comparing Customer Satisfaction Across Individuals and Product Categories, Journal of Economic Psychology, 1991, 12(2): 267-286.

[7] Fornell, C, D F Larcker, Evaluating Structural Equation Models with Unobservable Variables and Measurement Error, [T]. Journal of Marketing Research, 1981, 18: 39-50.

[8] Fornell, A National Customer Satisfaction Barometer: the Swedish Experience [J]. Journal of Marketing, 1992, 56: 6-21.

[9] Fornell, M D Johnson, E W Anderson, J Cha, B E Bryant, The American Customer Satisfaction Index: Nature, Purpose and Findings, [C]. Journal of Marketing, 1996, 6(4): 7-18.

[10] Parasuraman, L L, Berry and V A, Zeithaml, Refinement and Reassessment of The SERVQUAL Scale, [A]. Journal of Retailing, 1991, 67(4): 420-450.

[11] Oliver R L, A Cognitive Model of the Antecedents and Consequences of Satisfaction Decisions, Journal of Marketing Research, 1980, 17(4): 460-469.

[12] Oliver R L, Measurement and Evaluation of Satisfaction Process in Retail Settings, [J]. Journal of Retailing, 1981, 57: 25-48.

[13] Cadotte, E R, R B Woodruff, R L Jenkins, Expectations and Norms in Models of Consumer Satisfaction [J]. Journal of Marketing Research, 1987, 24: 305-314.

［14］Oliver R L, Satisfaction: a Behavioral Perspective on the Consumer, Irwin/McGraw - hill, 1996,13.

［15］刘新燕,刘雁妮,杨智,万后芬. 顾客满意度指数（CSI）模型述评［J］. 当代财经,2003.6:57-60

［16］刘新燕,刘雁妮,杨智,等. 构建新型顾客满意度指数模型［J］. 南开管理评论,2003.6:53-56

［17］兰苓. 现代市场营销学［M］,北京：首都经济贸易大学出版社,2003,33-35.

［18］Johnson M D, Gustafsson A, Improving Customer Satisfaction, ［C］. Loyalty and Profit: An Integrated Measurement and Management System, Jossey - Bass Inc., California, 2000.

［19］王高,李飞. 中国零售顾客满意度研究［M］. 北京：经济科学出版社,2008.

［20］涂平. 营销研究方法与应用［M］,北京：北京大学出版社,2008, 94-95,218-219.

［21］周三多. 管理学原理［M］. 4版. 上海：复旦大学出版社. 2004,78-79.

［22］应俊. 零售业顾客满意度测评［D］. 万方数据库,江西财经大学图书馆,2006

［23］［美］迈克尔. 波特. 竞争优势［M］. 南京：华夏出版社,1997.

［24］李子奈. 计量经济学［M］. 北京：高等教育出版社. 2000.

［25］唐晓芬. 顾客满意度测评［M］. 上海：上海科学技术出版社, 2001,12-13.

［26］盛亮. 大型超市顾客满意度测评研究［D］. 万方数据库,吉林大学图书馆,2000.

［27］周文辉,陈晓红. 商店形象、顾客满意度与忠诚度关系的实证研究［J］. 预测,2008(8):27-37.

［28］梁燕. 顾客满意度研究述评［J］. 北京工商大学学报,2007(3):75-80.

［29］杨萌萌. 大型商场顾客满意度研究评价［J］. 学理论,2008(22)：

33 – 34.

[30] 钱丽萍,刘益,程超. 连锁超市服务质量感知模型研究 [J]. 当代经济科学, 2005(5).

[31] 郭志刚. 社会统计分析方法——SPSS 软件应用 [C]. 北京:中国人民大学出版社, 1999:339 – 384.

[32] 汪孝纯, 韩小云, 温碧燕. 顾客满意感与忠诚感关系的实证研究 [J]. 南开管理评论, 2003.

[33] 刘宇. 顾客满意度测评 [M]. 北京:社会科学文献出版社, 2003.

[34] Vazquez, R, Bosque, I A R, Diaz, A M, Ruiz, A V Service quality in supermarket retailing: identifying criticalservice experiences [J]. Joumal of Retailing and Consumer Services, 2001(8):1 – 141.

[35] Schutz, D E Are we too loyal to our concept of loyalty [J]. Marketing News, 1998(32):11.

[36] Morgan, R M, Shelby D. Hunt. The commitment2trust theory of relationship marketing [J]. Journal Marketing, 1994,58:20 – 38.

[37] Gundlach, G T, Ravi, S A, John, T M The structure of commitment in exchange [J]. Journal of Marketing, 1995,59:78 – 92.

[38] Ellen, G, and Johnson, M S. The different roles of satisfaction, trust, and commitment in customer relationships [J]. Journal of Marketing, 1999,63:70 – 87.

[39] Anderson E W, Fornell C, and Lehmann D R. Customer satisfaction, market share, and profitability: findings from Swederl [J]. Journal of Marketing, 1994,59:53 – 66.

[40] Ryan, M J, T Buzas and V Ramaswamy, Making Customer Satisfaction Measurement a Power Tool, [J]. Marketing Research, 7,1995:11 – 16.

北京老字号的历史和现状

老字号的全称为"中华老字号",是指历史悠久,拥有世代传承的产品、技艺或服务,具有鲜明的中华民族传统文化背景和深厚的文化底蕴,取得社会广泛认同,形成良好信誉的品牌[①]。北京的老字号历史悠久、数量众多、久负盛名,主要分布在餐饮、零售、食品、医药、服务、文化等行业,是中华民族传统文化的瑰宝,是北京的特色商业。

目前,北京正建设世界城市和国际商贸中心城市,这就要求北京提升商业的特色、档次与吸引力,北京的"中华老字号"正是一个大有可为的抓手,发挥北京老字号的特色和优势是北京发展特色商业的中心工作之一。北京的"中华老字号"也要利用这一难得的机遇,进行升级与振兴。

一、北京老字号的发展历史和现状

1. 北京老字号的发展历史

北京老字号按创立的时期可将划分三类:一类是明清时期创立的;二类是清末至建国前;三类是建国后至1956年[②]。北京"中华老字号"一般都经历了家族企业——公私合营——国有企业的变化过程,其发展可分为三个阶段。

(1) 1956年前,家族经营。

1956年前的"中华老字号"主要是个人和家族经营,其核心技术是通

[①] 商务部关于实施"振兴老字号工程"的通知(商改发〔2006〕171号)
[②] 《北京传统商业保护规划(草案)》,2001年

过师傅带徒弟，言传身教向下传承的。在长期的发展中，一些家族企业依靠自己的独特技术和有效的经营管理，逐步发展为当时的知名字号。如在清末民初时期，北京曾流传：身穿"八大祥"（绸布店）、脚踩"内联升"（鞋店），头顶"马聚源"（帽店），腰缠"四大恒"（金店），这些字号就是当时的知名品牌。

一些北京的老字号在这一时期已有相当的规模，并采用了先进的管理。如吴裕泰的先辈当年在北京、天津地区开了11家茶叶店，由礼智信兄弟公司这家股份公司统一进货、统一配送、统一结算、统一管理；又如，瑞蚨祥的先辈当年已经选择生产厂家统一进货定牌监制，这实质上正是OEM[①]。

（2）1956至改革开放前，公私合营、国有企业。

新中国成立之初，国家鼓励和支持私营经济的发展。1952年，我国开始对私营工商业进行社会主义改造。1956年实行公私合营，"公私合营"是建国初期国家对民族资本主义工商业实行社会主义改造所采取的一种过渡形式。大批规模较小的老字号取消了名号，只有少数声誉显赫的老字号得以保留[②]；老字号及其分散在全国各地的分号企业的所有权一律按行政区划归给了当地政府，总号和分号的资产纽带和业务往来被割裂[③]，老字号连锁的优势丧失。1966年又改为国营，中华老字号成了国有企业。此后，北京的老字号在计划经济的国企管理体制下运作。

（3）改革开放以来，推向市场，两种命运。

改革开放以来，尤其是1990年以来，北京老字号被推向市场，接受市场的洗礼。在越来越激烈的市场竞争下，北京老字号的发展出现分化。一些老字号采用现代企业制度，以市场需求为出发点，采用新技术，采用现代营销手段，建立了竞争优势，取得了长足的发展。有些老字号更被评为

---

① OEM：原始设备制造商
② "北京老字号发展研究"课题组.北京市老字号的发展现状及对策研究［J］.商贸经济，2004（9）．
③ 陈勇星."冠生园"老字号重名原因及其对策的研究［J］.商业研究，2003（5）．

中国驰名商标,如瑞蚨祥、吴裕泰等。

与此相反,一些老字号观念陈旧,经营不善,或苦苦挣扎或退出市场。这里引用2003年的调研数据,在登记在册的200多家京城"老字号"中,生意兴隆、效益好的约占20%;效益一般、经营平稳的占30%;经营困难,效益差的占40%;难以为继、濒临破产的占10%[①]。

2. 商务部第一批和第二批认定的北京老字号名单

1990年原商业部组织评定了一次"中华老字号"。2006年,商务部决定在全国实施"振兴老字号工程",再次启动对"中华老字号"的认定工作。

根据商务部"中华老字号"认定规范(试行),认定条件有7条:拥有商标所有权或使用权;品牌创立于1956年(含)以前;传承独特的产品、技艺或服务;有传承中华民族优秀传统的企业文化;具有中华民族特色和鲜明的地域文化特征,具有历史价值和文化价值;具有良好信誉,得到广泛的社会认同和赞誉;国内资本及港澳台地区资本相对控股,经营状况良好,且具有较强的可持续发展能力。2006年11月,商务部决定认定430个企业(品牌)为第一批"中华老字号",其中北京市有67个(见表1)。2010年7月、8月又认定第二批"中华老字号",其中北京市有50个(见表2)。

表1　北京市第一批"中华老字号"认定名单

序号	企业名称	字号	商标	所属行业
1	北京吴裕泰茶业股份有限公司	吴裕泰	吴裕泰	商业
2	北京稻香村食品有限责任公司	稻香村	稻香村	食品加工
3	北京同升和鞋店	同升和	同升和	商业
4	北京王府井百货(集团)股份有限公司东安市场	东安市场	东安	商业
5	北京盛锡福帽业有限责任公司	盛锡福	盛锡福	商业

---

① 付勇. 营销"短板"与中华"老字号"的没落 [J]. 商业经济与管理, 2004 (9).

续表

序号	企业名称	字号	商标	所属行业
6	北京大明眼镜股份有限公司	精益	精益	服务业
7	北京来今雨轩饭庄	来今雨轩	来今雨轩	餐饮住宿
8	北京大明眼镜股份有限公司	大明	大明	服务业
9	北京中国照相馆有限责任公司	中国照相馆	中国照相馆	服务业
10	中国茶叶股份有限公司	中茶	中茶	商业
11	北京工美集团有限责任公司王府井工美大厦	工美	工美	商业
12	北京馄饨侯餐饮有限责任公司	馄饨侯	馄饨侯	餐饮住宿
13	北京四联美发美容有限责任公司	四联	四联	服务业
14	北京六必居食品有限公司	六必居	六必居	食品加工
15	聚德华天控股有限公司北京柳泉居饭庄	柳泉居	柳泉居	餐饮住宿
16	聚德华天控股有限公司北京聚德烤肉宛饭庄	烤肉宛	烤肉宛	餐饮住宿
17	北京六必居食品有限公司	桂馨斋	桂馨斋	食品加工
18	北京天福号食品有限公司	天福号	天福号	食品加工
19	聚德华天控股有限公司北京砂锅居饭庄	砂锅居	砂锅居	餐饮住宿
20	北京华天饮食集团公司	同和居	同和居	餐饮住宿
21	聚德华天控股有限公司北京烤肉季饭庄	烤肉季	烤肉季	餐饮住宿
22	北京鸿宾楼餐饮有限责任公司	鸿宾楼	鸿宾楼	餐饮住宿
23	北京六必居食品有限公司天源酱园	天源	天字牌	食品加工
24	北京金象复兴医药股份有限公司白塔寺药店	白塔寺药店	白塔寺药店	商业
25	北京元长厚茶叶有限公司	元长厚	元长厚	商业
26	北京桂香村食品有限公司	桂香村	桂香村	食品加工
27	聚德华天控股有限公司北京玉华台饭庄	北京玉华台	首都玉华台	餐饮住宿
28	北京市西单商场股份有限公司	西单商场	XDSC	商业
29	北京同春园饭店	同春园	同春园	餐饮住宿

续表

序号	企业名称	字号	商标	所属行业
30	北京成文厚账簿卡片有限公司	成文厚	成文厚	商业
31	北京华天延吉餐厅有限责任公司	华天延吉	华天延吉	餐饮住宿
32	聚德华天控股有限公司北京又一顺饭庄	又一顺	又一顺	餐饮住宿
33	聚德华天控股有限公司北京峨嵋酒家	峨嵋	峨嵋	餐饮住宿
34	北京便宜坊烤鸭集团有限公司	便宜坊	便宜坊	餐饮住宿
35	中国北京同仁堂（集团）有限责任公司	同仁堂	同仁堂	医药
36	北京前门都一处餐饮有限公司	都一处	都一处	餐饮住宿
37	北京月盛斋清真食品有限公司	月盛斋	月盛斋	食品加工
38	北京壹条龙清真餐饮有限公司	壹条龙	壹条龙	餐饮住宿
39	北京天兴居炒肝店	天兴居	天兴居	餐饮住宿
40	北京华鹏食品有限公司	通三益	通三益	食品加工
41	北京大北服务有限责任公司大北照相馆	大北	大北	服务业
42	北京市糖业烟酒公司	京糖	京糖	商业
43	北京市珐琅厂有限责任公司	京珐	京珐牌	其他
44	北京王致和食品集团有限公司	王致和	王致和	食品加工
45	北京内联升鞋业有限公司	内联升	内联升牌	商业
46	北京一得阁墨业有限公司	一得阁	一得阁	其他
47	北京步瀛斋鞋帽有限公司	步瀛斋	步瀛斋	商业
48	中国全聚德（集团）股份有限公司	全聚德	全聚德	餐饮住宿
49	北京瑞蚨祥绸布店有限责任公司	瑞蚨祥	瑞蚨祥	商业
50	荣宝斋	荣宝斋	荣宝斋	商业
51	北京张一元茶叶有限责任公司	张一元	张一元	商业
52	中盐北京市盐业公司	北京盐业	京晶	食品加工
53	北京义利食品公司	义利	义利	食品加工

续表

序号	企业名称	字号	商标	所属行业
54	北京戴月轩湖笔徽墨有限责任公司	戴月轩	戴月轩	商业
55	北京市丰泽园饭店	丰泽园	丰泽园	餐饮住宿
56	北京王致和食品集团有限公司	龙门	龙门	食品加工
57	北京王致和食品集团有限公司	金狮	金狮	食品加工
58	北京茶叶总公司	北京茶叶	TP	商业
59	北京菜市口百货股份有限公司	菜百	菜百	商业
60	北京稻香春食品有限公司	稻香春	稻香春	食品加工
61	北京市颐和园听鹂馆饭庄	听鹂馆	听鹂馆	餐饮住宿
62	北京龙徽酿酒有限公司	龙徽	中华	食品加工
63	北京市豆制品二厂	白玉	白玉	食品加工
64	北京顺鑫农业股份有限公司牛栏山酒厂	牛栏山	牛栏山	食品加工
65	北京百花蜂产品科技发展有限责任公司	百花	百花	食品加工
66	北京红星股份有限公司	红星	红星	食品加工
67	北京东来顺集团有限责任公司	东来顺	东来顺	餐饮住宿

表2　北京市第二批"中华老字号"认定名单

序号	企业名称	商标
1	北京启元茶叶有限责任公司启元茶庄	启元
2	北京永安茶叶有限公司	馥郁
3	北京茶叶总公司	京华
4	北京仙源食品酿造有限公司	仙源
5	北京红螺食品有限公司	红螺
6	北京二锅头酒业股份有限公司	永丰
7	北京正隆斋全素食品有限公司	正隆斋

续表

序号	企业名称	商标
8	北京仁和酒业有限责任公司	仁和
9	北京大顺斋食品有限责任公司	大顺斋
10	北京市全素斋食品公司	全素斋
11	北京市食品供应处34号供应部	34号
12	北京市浦五房肉食厂	浦五房
13	北京市北京饭店	北京饭店
14	北京市仿膳饭庄	仿膳
15	北京谭家菜餐饮有限责任公司	谭家菜
16	聚德华天控股有限公司（护国寺小吃店）	京饮华天小吃
17	聚德华天控股有限公司（老西安饭庄）	西安饭庄
18	聚德华天控股有限公司（新路春饭庄）	新路春
19	聚德华天控股有限公司（西四大地餐厅）	华天大地
20	聚德华天控股有限公司（西来顺饭庄）	西来顺
21	聚德华天控股有限公司（曲园酒楼）	曲园
22	北京壹条龙清真餐饮有限公司锦芳小吃店	锦芳
23	北京西德顺饭馆	顺德西
24	北京小肠陈餐饮有限责任公司	小肠陈
25	北京都一处餐饮有限公司力力豆花庄	力力
26	北京市隆福寺小吃有限公司	隆福寺小吃店
27	北京市远东饭店	远东
28	北京市爆肚冯饮食服务有限责任公司	爆肚冯
29	北京清真白魁老号饭庄有限公司	白魁老号饭庄
30	北京翔达南来顺饭庄有限公司	南来顺
31	商务印书馆	图形

续表

序号	企业名称	商标
32	北京永安堂医药连锁有限责任公司	永安堂
33	北京鹤年堂医药有限责任公司	鹤年堂
34	北京栎昌王麻子工贸有限公司	王麻子
35	北京红都集团公司	红都
36	北京谦祥益丝绸有限责任公司	谦祥益
37	新华书店总店	新华书店
38	北京艺嘉仓储有限责任公司	戀隆
39	北京市地毯五厂	云鹿
40	北京星海钢琴集团有限公司	星海
41	北京东华服装有限责任公司建华皮货服装分公司	雪花
42	北京光华宝石鞋业有限公司	宝石
43	北京德寿堂医药有限公司	德寿堂
44	北京市龙顺成中式家具厂	龙顺成
45	北京红都集团公司	蓝天
46	北京步瀛斋鞋帽有限责任公司	马聚源
47	北京造寸服装服饰有限公司	造寸
48	北京市紫房子婚庆有限公司	紫房子
49	北京华女内衣有限责任公司	华女
50	北京雪莲羊绒股份有限公司	雪莲

  由于"中华老字号"是根据品牌认定的，有的企业拥有多个"中华老字号"。以聚德华天为例，由表1、表2可以看出，该集团拥有烤肉宛、柳泉居、砂锅居、烤肉季、首都玉华台、又一顺、峨嵋、京饮华天小吃、西安饭庄、新路春、华天大地、西来顺、曲园等共13家"中华老字号"。

3. 北京老字号的行业结构

北京老字号涉及到第二产业和第三产业。由图1可知，第一批67家北京"中华老字号"主要属于餐饮住宿、商业和食品加工三大行业，其中餐饮住宿有21家，占31%；商业和食品加工各有19家，都占28%；三个行业合计占到89%。

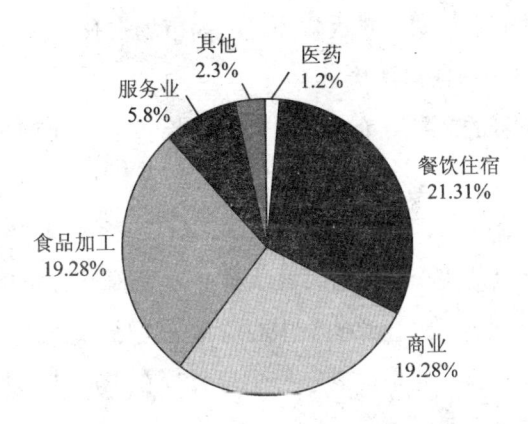

图1 北京第一批"中华老字号"行业分布图

由图2可知，第二批50家北京"中华老字号"中，零售、食品类有12家，占24%；餐饮类有18家，占36%；工艺品及其他类（含制造业）有17家，占34%；中药类有3家，占6%。

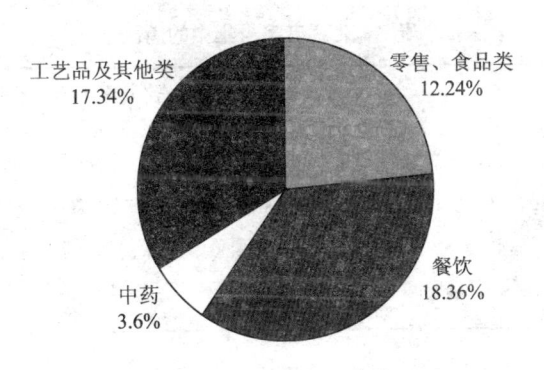

图2 北京第二批"中华老字号"行业分布图

北京的制造业老字号涉及到食品制造业（大顺斋、六必居、浦五房等)、饮料制造业(仁和、牛栏山、红星等)、纺织服装鞋帽制造业(红都等)、文化体育用品制造业(星海钢琴等)、工艺品制造业(云鹿地毯等)等行业。

北京的商业服务业老字号涉及到餐饮住宿业、零售业、药品零售业、生活服务业等行业。商业服务业老字号非常适合发展连锁经营。通过连锁经营复制成熟的商业模式,扩大规模,提高市场占有率。

4. 北京老字号的空间结构

从北京老字号的区县分布来看,"中华老字号"分布东城、西城、通州、朝阳、海淀、大兴、丰台、顺义、怀柔、房山、昌平、密云12个区县;其中东城区和西城区共98家[1],占总数117家的83.8%。

从北京老字号的集聚区来看,在大栅栏、王府井、东单东四、西单西四、前门大街、琉璃厂、金源购物中心等地是老字号(含分店、专柜)云集的地方。可以看出,北京的老字号主要集聚在王府井、西单、前门大栅栏三大传统的市级商业中心。

以前门大街为例,立"天街"名后,前门大街的名字仍保留,立新名是为主打文化牌,使其成为崇文区文化产业龙头发展区域。为此,前门地区将恢复清末民初的古都风貌,逐步建成传统商业老字号精品一条街,荟萃各式老字号等[2](见表3)。

表3 北京老字号集中的街区

街区	北京老字号(含分店、专柜)
前门大街、大栅栏	大北照相、天兴居、王麻子、月盛斋、内联升、天福号、东来顺、全聚德、张一元、吴裕泰、便宜坊、都一处、馄饨侯、谦祥益;义利食品、小肠陈、大顺斋、马聚源、六必居、内联升、同仁堂、全聚德、红螺食品、张一元、新华书店、瑞蚨祥、稻香村、爆肚冯

---

[1] 北京市商务委员会网站. 全市老字号工作交流会暨第二批中华老字号授牌仪式,2011,6.
[2] 北京市商务委员会网站. 全市老字号工作交流会暨第二批中华老字号授牌仪式,2011,6.

续表

街区	北京老字号（含分店、专柜）
王府井	义利食品、大明眼镜、工美大厦、六必居、中国照相馆、王致和、王麻子、月盛斋、内联升、天福号、天源酱园、东安市场、永安堂、东来顺、北京饭店、四联美发、同升和、同仁堂、百花蜂产品、全素斋、全聚德、仿膳、红螺食品、吴裕泰、建华皮货、浦五房、商务印书馆、盛锡福、瑞蚨祥、谭家菜、稻香村、戴月轩
东单、东四	大明眼镜、天福号、天源酱园、永安堂、四联美发、同仁堂、红都时装、全素斋、护国寺小吃、吴裕泰、浦五房、隆福寺小吃、混沌侯、稻香村
西单、西四	义利食品、大明眼镜、六必居、元长厚、丰泽园饭店、王致和、王麻了、天福号、天源酱园、成文厚、同仁堂、同和居、全聚德、仿膳、红螺食品、启元茶庄、护国寺小吃、吴裕泰、张一元、便宜坊、砂锅居、造寸服装、浦五房、桂香村、新华书店、稻香村
琉璃厂	一得阁、荣宝斋、商务印书馆、戴月轩

二、北京老字号的特色和优势

提起布鞋，会让人想起内联升；说起涮羊肉，就想到东来顺；想吃烤鸭，躲不开全聚德；有病买药，还得直奔同仁堂……①

老字号的特色体现在其历史悠久、民族品牌、文化内涵、独特的工艺、独特的产品或服务、诚信经营、顾客至上等方面。这些特色都是老字号拥有的难以模仿的竞争优势。

1. 悠久历史

商务部认定的老字号以1956年作为时间分界线，因而北京老字号到2011年至少有55年的历史。117家北京老字号中，上百年历史的有50家；200年历史的有19家；300年历史的有10家；400年历史的有5家，分别

---

① 高以道. 老字号与连锁的昨天、今天与明天 [OL]. 老字号协会网站，年份不详.

是鹤年堂、永安堂、便宜坊、六必居、柳泉居，其中鹤年堂历史最为悠久，成立于明朝永乐年间的 1405 年，迄今已有 600 多年。

老字号的"历史性"是老字号的一个突出优势。在漫长的历史发展中，老字号的优良传统代代相传。北京老字号在历史演变中，往往难以一帆风顺。每个老字号都有一个曾经辉煌的历史，同时也都有一个艰苦奋斗、充满曲折艰辛的历史。

2. 民族品牌

北京"中华老字号"是地地道道的民族品牌。体现中华民族的风格和民族形象，带有地域文化特征，这些特征显著与外资商业品牌相区别。北京老字号的地域性和民族性是老字号企业的一个难以模仿的竞争优势。当前，在外资品牌在中国攻城略地，大肆扩张的时候，提升民族品牌的号召力和影响力成为当务之急。

3. 文化内涵

老字号的文化精髓包括：独特的生产制作技艺、优异的产品质量、周到完善的服务品质、诚信为本的经营理念、深入人心的民族形象资源等。

北京老字号在前店后厂的生产和销售实践中，创造并传承了传统的商业文化和商业文明，体现了中国古典哲学、儒家和道家的文化思想。另外明清时期的皇宫重臣、文人墨客，建国后的国家领导人、社会贤达都与中华老字号有不解之缘。

一些老字号，如同仁堂、全聚德等都已对其百年历史企业文化进行了总结，提炼了老字号的经典文化内涵，出版了图书，拍摄了电视。以同仁堂为背景的电视剧有《戊子风雪同仁堂》、《风雨同仁堂》、《大清药王》等。

北京老字号的这种文化内涵有新创品牌难以比拟的优势。

4. 独特的工艺、精湛的产品质量

北京老字号在长期的实践过程中，创造了独特的绝技和绝活。这些绝技和绝活一代又一代的往下传承，形成老字号的核心竞争优势。

目前北京老字号共有 81 项"非物质文化遗产"项目。据北京老字号协会会长姜俊贤介绍，这 81 项"非遗"项目主要分布在"传统手工技艺"、"传统医药"、"生活习俗"等三大类。其中，进入第一、二批"非遗"名录的区级项目有 72 项，市级项目有 45 项，国家级项目有 26 项。表 4 为部分北京老字号的独特工艺。

表 4 部分北京老字号的国家级的非物质文化遗产

老字号	独特工艺
同仁堂	中医药文化
便宜坊	焖炉烤鸭技艺
全聚德	挂炉烤鸭技艺
内联升	手工布鞋制作技艺
马聚源	手工制帽技艺
盛锡福	皮帽制作技艺
张一元	茉莉花茶窨制工艺
王致和	腐乳酿造技艺
六必居	酱菜制作技艺
都一处	烧麦制作技艺
壹条龙	清真涮羊肉技艺
月盛斋	酱烧牛羊肉制作技艺
天福号	酱肘子制作技艺
东来顺	饮食文化
鹤年堂	中医药养生文化

资料来源：根据北京老字号非物质文化遗产网 http://www.bjich.cn/ 整理收集。

5. 诚信经营，信誉至上

北京老字号具有诚信经营的信誉优势。从原料采购、生产加工、现场销售、售后服务等环节都老老实实、一丝不苟。敢于承诺货真价实、童叟无欺、以诚待客。表 5 为几家北京老字号诚信经营的理念。在社会上诚信危机、秩序混乱、道德低下、违法经营事件时有发生情况下，老字号诚信经营的优势更加突出。

表5　部分北京老字号的诚信经营理念

老字号	诚信经营的表现
吴裕泰	采之惟恐不尽、制之惟恐不精
同仁堂	炮制虽繁必不敢省人工，品位虽贵必不敢减物力
菜市口百货	售前服务承诺8项（货真价实等）、售中服务承诺10项（以旧换新等）、售后服务承诺12项（终身免费修理等）
六必居	六个必须做到的质量标准
瑞蚨祥	至诚至上、货真价实、言无二价、童叟无欺

6. 顾客至上

长期以来，北京老字号始终坚持顾客至上的理念，给消费者提供优质、热情、全方位的服务。北京老字号通过贯彻顾客至上的兴业思想，吸引了一部分忠诚的顾客。以稻香村为例，其格言是："顾客永远是对的，顾客满意——是我们永远追求的目标。"

三、北京老字号发展中存在的问题

1. 营销观念滞后

当所有的企业都不重视市场营销时，北京老字号的产品质量能成为其显著的竞争优势，凭借"酒香不怕巷子深"的传统的产品观念就可以吸引顾客。持这种观念的老字号把营销活动的重点放在产品质量的提高上，认为老字号只要产品质量好，便会顾客盈门。

然而，当国外来的竞争对手、国内其他城市来的竞争对手、及北京本土的竞争对手都纷纷采用以消费者为中心的市场营销观念，采用整合营销传播手段来吸引顾客时，老字号如果还采用的传统的产品观念，就难以取胜了。

以稻香村为例，在改制前，北京稻香村在"酒香不怕巷子深"这一传统经营思维方式的影响下，把全部精力都放在产品生产上，对营销关注不够。2005年，北京稻香村成功实施了企业改制，由原来的集体所有制改为股份制。成立了企业策划部，同时聘请了专业策划公司，对品牌推广等进行了全面规划，相继开展了以传统节日为载体，以传统文化为内涵的文化营销活动[①]。

2. 目标市场不明

北京老字号为了保证质量，诚信经营，其采购成本、运营成本相对较高，因而其价格也相对较高。可以说，北京老字号有高档化的趋势。对追求价格低廉的消费者来说，吸引力不大。北京老字号的目标市场应该是收入水平较高的那个群体。但大多数的老字号并没有对高收入群体进一步细分，并对细分市场展开营销。

3. 重视传承，忽视创新

北京老字号的生命力在于既传承又创新，在传承的基础上不断创新发展。与少数既重视传承又重视创新的成功老字号相比，大多数的老字号对传承较为重视，但对创新重视不够，不能与时俱进。有些老字号不懂得根据不断变化的环境条件和市场需要持续创新，没有通过采用先进的技术、生产工艺和设备，开发新产品；没有采用现代化的营销手段；没有采用现代流通方式，提高流通效率。

四、影响北京老字号发展的环境因素

1. 政府支持

政府的支持是老字号发展的一个重要的促进因素。为了保护与促进老字号创新发展，从2006年起，商务部在全国实施《振兴老字号工程》（商改发〔2006〕171号）。该工程不仅是实施品牌战略、促进民族企业发展、

---

① 作者不详. 改制使老字号焕发新活力——北京稻香村[OL]. 北京老字号协会网站, 年份不详.

扩大消费需求的重要举措，也是弘扬民族商业文化、开展诚信兴商、推动特色经济发展的一项战略任务。该通知要求：高度重视，做好组织保障；科学规划，加强统筹协调；积极研究制定有关政策措施；大力宣传，营造社会氛围。同期展开第一批"中华老字号"的认定工作。

2006年，北京市财政局、北京市商务局联合制定了《促进北京市商业服务业老字号发展专项资金使用管理办法》，以促进本市商业服务业老字号发展，继承和弘扬中华民族优秀传统文化，提升老字号企业整体水平。

2007年，北京市商务局、北京市人民政府国有资产监督管理委员会联合发布《关于加快国有老字号企业改革发展的指导意见》，以期加快本市国有（含国有控股、参股）老字号企业改革发展，推动老字号企业机制创新，增强发展动力和活力，保护和开发我市文化遗产，弘扬优秀传统文化。

2008年，商务部、发展改革委、教育部、财政部、住房和城乡建设部、文化部、税务总局、工商总局、质检总局、知识产权局、旅游局、银监会、证监会、文物局等十四个部门联合发布《关于保护和促进老字号发展的若干意见》（商改发〔2008〕104号），提出工作目标：通过全社会的努力，建立保护和促进老字号发展的支持体系，挖掘整理传统产品和技艺，增强老字号企业自主创新和市场竞争能力，培育一批发展潜力大、竞争能力强、社会影响广、文化特色浓的知名老字号。

2. 竞争

中华老字号也会遭到外资品牌和本土新生品牌的竞争。1992年中国商业开始对外开放，2004年12月11日起，中国的商业领域全面对外开放。1992年以来，大量外资品牌进入中国，进入北京。与此同时，很多新生的本土品牌不断涌现。这些品牌依靠巨额的广告费，吸引着消费者的注意，不断细分着市场，蚕食着老字号的消费者。物竞天择，适者生存，很多老字号在强大竞争的压力下，步履艰辛，走向衰落。

3. 城市建设，店面搬迁

1990年代以来，北京进行着大规模的城市改造和建设。很多区位较好的老字号被迫迁址。拆迁影响了老字号的生意，要暂停营业，要选择新的地点，要投入资金装修，要培育新的市场。以聚德华天集团为例，该集团拥有烤肉宛、柳泉居、砂锅居、烤肉季、首都玉华台、又一顺、峨嵋、京饮华天小吃、西安饭庄、新路春、华天大地、西来顺、曲园等13家老字号品牌。随着城市改造的深入，许多处于闹市的老字号餐馆面临拆迁问题，先后有11家要拆迁①，对华天的经营造成很大的影响。

4. 消费者

改革开放几十年来，北京的消费市场发生了重大的变化。一是贫富差距加大，二是消费者的偏好和购买行为多元化。有的消费者偏好外资品牌，有的消费者仍忠诚于老字号品牌。有的消费者看重价格，有的消费者看重产品质量、服务和体验。年轻一代消费者对老字号感情较淡。消费需求的变化对老字号的生存和发展产生重大影响。

5. 冒名

北京老字号的品牌优势，不仅吸引了消费者，而且也吸引了造假制假者。这些造假者打着老字号的旗号，制造销售假冒伪劣商品，侵占了正宗老字号的市场，伤害了消费者，损害了老字号的声誉与形象，影响老字号的生存和发展。

以同仁堂为例，2011年7月15日，北京同仁堂公布了39个盗用同仁堂名义的假冒产品；2011年7月26日，北京同仁堂公布了29个盗用同仁堂字号的企业；2011年9月9日，北京同仁堂公布了45个擅自盗用北京同仁堂的名义在网上进行假药宣传销售的网址②。这些假企业、假产品、假网站严重干扰了同仁堂的正常经营。

五、北京老字号振兴对策

北京老字号振兴的总体思想是：利用环境机遇，应对环境挑战，逐步

---

① 司启. "华天"让老字号兴旺起来 [J]. 中外企业文化，2002（5）.
② 同仁堂的三个侵权声明均来自同仁堂网站

解决自身的弱点和问题，继承传统、发挥优势，积极创新。

1. 组织创新

老字号企业制度和组织结构是北京老字号发展的重要内在因素。北京老字号必须摆脱旧思想、旧体制、旧模式的束缚。在由计划经济向市场经济转变的过程中，北京老字号必须建立与市场经济相适应的"产权清晰、权责明确、政企分开、管理科学"现代企业制度。

在计划经济体制下，北京老字号不用考虑销售问题，但在市场经济体制下，市场营销职能成为企业生存发展的关键因素。因此，北京老字号必须改革企业内部的管理结构，提升市场营销在企业的地位，甚至将市场营销作为企业的核心，协调生产、技术研发、财务、采购、人力资源等其他部门的工作。只有实施以市场营销为核心的组织结构，北京老字号才能对市场做出快速反应。

2. 空间布局

在空间布局上，根据空间层次，北京老字号的扩张有三大战略方向：

第一，北京市内的扩张，形成集聚与分散相结合的空间结构。进一步加强老字号在王府井、西单、前门大栅栏三大市级商业中心的集聚，形成特色鲜明的老字号集聚区。在老字号集聚区内，除了北京本土的老字号外，也要引进国外其他省市的老字号。强化老字号集聚区的宣传推广，扩大北京老字号在国内、国际的影响。有选择的在北京市的区域性商业中心形成老字号的小集聚，如朝外商业街、金源购物中心等。让老字号走进社区，散布到北京市的各个社区，贴近消费者。

第二，在国内其他城市的扩张。北京老字号要想做大做强，只在北京市内扩张是不够的，必须利用全国市场。制定老字号国内扩张计划，确定进入城市的优先顺序。强化北京老字号在全国的宣传推广。

第三，向国际扩张。肯德基、麦当劳等国外老字号早已在中国攻城略地，北京老字号也要走出去，向国外扩张，利用全球市场。制定北京老字号的国际扩张计划，确定进入国家的优先顺序。强化北京老字号在全球的宣传推广。

3. 政府扶持

进一步加强政府对北京老字号的扶持。在建设国际商贸中心的背景下，市商务委应加快促进北京老字号的发展。在市商委设立老字号振兴委员会。改变政府促进老字号发展的方式，实施精细化管理，由统一政策转变为对老字号企业的有针对性的扶持。由市商委出面协调有关政府部门，解决老字号企业面临的特殊问题。

另外政府也应严厉打击打着北京老字号的假冒伪劣产品，维护市场正当竞争。在城市拆迁中，要保护老字号的权益。

4. 营销创新

营销创新是北京老字号振兴的关键因素，老字号的产品质量再好，也要通过市场营销活动来实现。北京老字号要研究消费者的偏好和行为，对消费者市场进行有效的细分，采用创新营销方式实现竞争力的提升和市场增长。

北京老字号营销创新——同仁堂案例研究

一、老字号营销创新分析框架

美国西北大学的莫汉·索内（Mohan Sawhney）提出了 12 个公司的创新维度（见表 1），认为，商业创新是通过系统的、形式多样的创新活动，增加顾客价值。下面以这 12 个维度作为老字号营销创新的分析框架。

表 1　创新营销的 12 个维度

维度	定义
提供物	开发创新性的新产品或服务
平台	使用通用的零件或平台创造衍生品
解决方案	创造一体化、定制化的提供物，从而不断解决顾客的问题
顾客	发现未被满足的顾客需要，或确认未被服务的细分市场
顾客体验	重新设计所有接触点上和所有接触时间内的顾客互动
获得价值	重新定义公司如何获得收入，或开发创新性的新收入来源
过程	重新设计核心运营过程，从而提高效率和效果
组织	改变公司的形式、职能或活动范围
供应链	对采购进行与众不同的思考
呈现	创造新的分销渠道或创新性的呈现地点，便于顾客方便买
网络	创造以网络为中心的智能化、一体化提供品
品牌	品牌延伸至新的领域

资料来源：营销管理杂志 13 版。

二、同仁堂的营销创新

1. 同仁堂简介①

北京同仁堂是中药行业著名的老字号,创建于清康熙八年(1669年),自雍正元年(1723年)正式供奉清皇宫御药房用药,历经八代皇帝,长达188年。历代同仁堂人恪守"炮制虽繁必不敢省人工、品味虽贵必不敢减物力"的传统古训,树立"修合无人见、存心有天知"的自律意识,确保了同仁堂金字招牌的长盛不衰。其产品以"配方独特、选料上乘、工艺精湛、疗效显著"而享誉海内外,产品行销40多个国家和地区。

表2展现了同仁堂1669年创建以来的历史大事件。

表2 同仁堂的历史大事件

年份	大事记
1669	乐显扬创办同仁堂药室
1702	乐凤鸣将药铺迁至前门大栅栏路南
1706	凤鸣在宫廷秘方、民间验方、祖传配方基础上总结前人制药经验,完成了《乐氏世代祖传丸散膏丹下料配方》一书,该书序言明确提出"炮制虽繁必不敢省人工,品味虽贵必不敢减物力"的训条,成为历代同仁堂人的制药原则
1723	由皇帝钦定同仁堂供奉清宫御药房用药,独办官药,历经八代皇帝,188年之久
1948	乐氏第十三代传人乐松生接任同仁堂经理
1954	同仁堂率先实行了公私合营
1955	同仁堂经理乐松生在中南海受到毛泽东主席和周恩来总理的亲切接见,同年被选为北京市人大代表,并出任北京市副市长
1956	乐松生经理代表北京工商界在天安门城楼向毛泽东主席、刘少奇主席、周恩来总理递交北京市私营企业全面实行公私合营的喜报

---

① 资料取自同仁堂网站。

续表

年份	大事记
1957	同仁堂中药提炼厂正式成立，开创中药西制的先河
1979	同仁堂厂、店牌号得以恢复
1985	北京市政府在人民大会堂隆重召开同仁堂成立315周年庆祝大会。党中央、国务院对北京同仁堂非常关心，对这次纪念活动十分重视，李先念、彭真、乌兰夫、王震、薄一波、郑天翔、方毅等国家领导人为同仁堂题词达30余幅
1989	国家工商行政管理局商标局认定"同仁堂"为驰名商标，受到国家特别保护，"同仁堂"商标还是中国第一个申请马德里国际注册的商标，大陆第一个在台湾地区申请注册的商标
1991	同仁堂制药厂晋升为国家一级企业
1992	中国北京同仁堂集团公司组建成立，8月19日在人民大会堂隆重召开集团成立大会，领导人为其题词。
1997	国务院确定120家大型企业集团为现代企业制度试点单位，同仁堂作为全国唯一一家中医药企业名列其中
1997	由集团公司六家绩优企业组建成立北京同仁堂股份有限公司。同年七月，同仁堂股票在上证所上市，标志着同仁堂在现代企业制度的进程中迈出重要步伐
1997	集团公司所属企业八条主要生产线通过澳大利亚GMP认证，为同仁堂产品进一步走向世界奠定了基础
1999	同仁堂发展委员会成立。委员会的宗旨是：立足全国，面向世界、着眼未来，提高同仁堂产品的科技含量，为同仁堂在21世纪的腾飞提供拥有知识产权的"重磅产品"
2000	三月，同仁堂大厦落成
2000	五月，成立了北京同仁堂科技发展股份有限公司，同年10月在香港创业板上市，实现了国内首家A股分拆成功上市，同在五月 成立了同仁堂麦尔海生物技术有限公司开始了向生物工程领域的初步探索。十月 在香港成立了同仁堂和记（香港）药业发展有限公司，为同仁堂产品进入国际主流市场迈出了关键一步

续表

年份	大事记
2001	六月,与崇文区卫生局合作,组建北京同仁堂崇文中医医院,并于6月18日正式揭牌,标志着同仁堂在实现中医中药有机结合方面,正在进行有益探索
2001	七月,由北京市政府授权的中国北京同仁堂(集团)有限责任公司正式揭牌。这标志着同仁堂实现了规范化的公司制的转变,也是体制上的一次重大变革
2001	中宣部把同仁堂作为诚信企业的典型在全国进行宣传
2002	北京同仁堂股份公司、科技公司分别被北京市科委认定为北京市高新技术企业
2002	同仁堂集团启动"1032"工程
2002	"同仁堂"牌药品获国家经贸部重点支持和发展的"名牌出口商品"称号
2003	在抗击"非典"及改革发展中,同仁堂企业文化进一步升华,"四个善待"、"四条标准"、"四个抓住"新理念应运而生
2004	三月,同仁堂国药有限公司在香港成立
2004	北京市商务局、北京市商业联合会、北京市连锁经营协会向北京同仁堂连锁药店颁发"2004北京优秀特许品牌"奖牌
2005	《香港商报》将"同仁堂"品牌作为"2005年度中国十大自主创新民族品牌"进行报道
2006	十二月,中华人民共和国文化部确定,国务院批准"同仁堂中医药文化"列入"第一批国家级非物质文化遗产名录"
2006	十二月,同仁堂被国家商务部认定为首批"中华老字号"
2008	十二月,北京同仁堂中医医院试营业

资料来源:根据"同仁堂历史"① 和 "同仁堂获奖"② 整理。

目前,同仁堂已经形成了在集团整体框架下发展现代制药业、零售商业和医疗服务三大板块,配套形成十大公司、二大基地、二个院、二个中

---

① 资料取自同仁堂网站。
② 资料取自同仁堂网站。

心的"1032"工程（见表3），其中拥有境内、境外两家上市公司，零售门店800余家，海外合资公司（门店）28家，遍布15个国家和地区。

表3 同仁堂的组织结构：1032工程

1032工程	包含
十大公司	北京同仁堂股份有限公司 北京同仁堂科技发展股份有限公司 北京同仁堂健康药业股份有限公司 北京同仁堂商业投资发展有限责任公司 北京同仁堂国际有限公司 北京同仁堂国药有限公司 北京同仁堂药材有限公司 北京同仁堂制药有限公司 北京同仁堂参茸有限责任公司 北京同仁堂生物制品开发有限公司
二大基地	北京同仁堂股份有限公司亦庄生产基地 北京同仁堂科技发展股份有限公司亦庄生产基地
二个院	北京同仁堂研究院 北京同仁堂中医医院
二个中心	北京同仁堂信息中心 北京同仁堂培训中心
其他控股子公司	北京同仁堂民安药业有限公司 京同仁世纪广告有限公司 北京同仁堂化妆品有限公司

同仁堂集团被国家工业经济联合会和名牌战略推进委员会，推荐为最具冲击世界名牌的16家企业之一，同仁堂被国家商业部授予"老字号"品牌，荣获"2005CCTV我最喜爱的中国品牌"、"2004年度中国最具影响

力行业十佳品牌"、"影响北京百姓生活的十大品牌"、"中国出口名牌企业"。2006年同仁堂中医药文化进入国家非物质文化遗产名录，同仁堂的社会认可度、知名度和美誉度不断提高。

2. 同仁堂的战略规划①

同仁堂的战略规划经过三个阶段：

第一，解决生存问题。20世纪90年代前期，同仁堂面临诸多生存和发展问题，如市场不规范、资金匮乏、内部管理不规范。1995年现任董事长殷顺海为首的新一届领导班子接手同仁堂。经反复研究，管理层确定当时同仁堂的核心问题是生存问题，而要解决生存问题，就要首先解决人心涣散和资金短缺问题。对于人心涣散问题，同仁堂的解决办法是用"三项承诺"稳定人心，即职工转岗不下岗、工资年年有增长、住房逐年有改善。对于资金短缺问题，同仁堂的解决办法是"三个坚决"和"上市"。"三个坚决"是坚决把应收账款压下来、坚决不生产没有市场的产品、坚决不给欠钱的代理商供货。"上市"是指1997年同仁堂集团将旗下的北京同仁堂制药厂、北京同仁堂制药二厂、北京同仁堂制药三厂、北京同仁堂药酒厂、北京同仁堂中药提炼厂、进出口分公司和外埠经营部六个"绩优单位"的生产经营性资产重组成北京同仁堂股份有限公司，在上海证券交易所上市，用2亿多元的股本募集到3.4亿元资金。2000年同仁堂集团又把科技含量比较高的北京同仁堂制药二厂、北京同仁堂中药提炼厂和进出口公司，从北京同仁堂股份有限公司中分离出来，拆成1亿多元的股本，成立北京同仁堂科技发展股份有限公司，在香港联合交易所创业板上市，又募集资金2.3亿元。用这些资金，同仁堂投资建设了三项任务，一是同仁堂工业企业由城区搬迁至昌平、大兴，实现了同仁堂工业的第一次布局和技术改造；二是解决了新产品研发的问题，实现了多年来一直想解决却始终没有实现的产品更新换代问题；三是构建了自己的销售终端。

---

① 根据"郭金凤.《走进同仁堂》系列报道之———战略 运筹帷幄谋新篇［N］.首都建设报，2010-9-15."改编

第二，解决发展问题。生存问题解决后，同仁堂再次进行战略调整，解决发展问题。2002年同仁堂请国务院发展研究中心对同仁堂进行定位，确立为"以现代中药为核心、发展生命健康产业，成为国际驰名的现代中医药集团"。从此，同仁堂调结构、转方式，业务从多领域收缩至单一的健康产业，主攻方向由治已病扩大到治已病与治未病相结合；产业链由卖产品延伸到挖掘品牌、文化内涵。为配合战略实施，同仁堂改变组织结构，同仁堂集团制定了"1032工程"，到"十一五"末，集中精力打造十大经济实体，建设三个二，即两个中心、两个基地、两个院（见表8）。从2003—2009年，同仁堂集团进行了大刀阔斧地结构调整、前所未有的规模"扩张"。他们将饮片厂由北京迁移到药材产地和集散地安徽亳州；将中药生产由北京拓展到香港；将产品范围由传统的中药扩大到保健养生和生物医药；将销售终端由国内扩展到16个国家和地区；将营销方式由单一的大客户发展到大客户与代理商并存、海内海外批发零售相结合，名医名药名店带动发展，形成了现代制药业、零售药业和医疗服务三大业务板块，实现了由中国的同仁堂向世界的同仁堂迈进，得到了跨越式发展。

第三，解决可持续发展问题。同仁堂的可持续发展要求做到"做长、做强、做大"。"做长"指同仁堂人都要像保护自己的眼睛一样保护品牌，所以在同仁堂当速度和质量发生矛盾时，速度一定要服从质量；所有的经营和经营行为一旦对品牌有危害时，都得放弃。同仁堂断然取消了加盟业务，因为同仁堂担心，销售额因加盟队伍的增加而增长的同时会影响质量，招致消费者投诉，从而降低市场对同仁堂的信任。"做强"主要是看实力，同仁堂认为实力才是企业发展之本。为了"做大"，同仁堂集团将"十二五"期间的发展规划目标确定为"12345"计划（见表4）。作为对"1032"工程的延续和提升，"12345"计划将着力解决同仁堂进一步发展面临的产能不足问题和如何延伸产业链、寻找新的增长点等问题。

表4 同仁堂"十二五"的"12345"计划

1	实现主要经济指标翻一番（到2015年，达到销售收入200亿元、利税26亿元、出口创汇5000万美元）
2	零售及医疗网点突破2000家（其中国内1900家，海外药店100家）
3	新产品研发上市300种（含中成药、保健品、化妆品等）
4	抓好四个重点项目的建设（健康药业生产物流基地、商业大型旗舰店、前处理中心和物流配送中心）
5	保持和发展五个全国同行业第一（继续保持产品销售收入和实现利润居全国同行业第一，拥有销售额超亿元的大型零售旗舰药店8~10家，数量居全国同行业第一，拥有和创新中成药、保健品、化妆品等品种达到2000种，数量居全国同行业第一，拥有和开发中医医院、中医医馆、中医诊所达到300家，数量居全国同行业第一）

3. 同仁堂的文化[①]

同仁堂中医药文化是在继承祖国传统中医药文化精华，并融入宫廷制药规范的基础上，经过300余年的实践与创新，中医与中药的结合，所形成的具有自身特色的品牌形象、价值取向、质量文化、经营理念和队伍建设的总和（见表5）。

表5 同仁堂的文化寓意

文化	文化寓意
传统中医药文化	中医药理论是祖国传统中医药文化的精髓，它吸收了中国古典哲学和儒家、道家思想的精华，特别强调"天人合一"，"辨证论治"的理念。同仁堂自创立以来，就在中医理论指导下生产和使用中药。至清末同仁堂有文字记载的中成药已多达近五百种，以医带药的模式传承至今

---

① 资料来源：同仁堂网站。

续表

文化	文化寓意
供奉御药	在供奉御药期间同仁堂以身家性命担保药品质量，采用最高标准的宫廷制药技术，磨练出诚实守信的制药道德，使"炮制虽繁，必不敢省人工；品味虽贵，必不敢减物力"的古训得到了进一步升华。形成了"配方独特、选料上乘，工艺精湛、疗效显著"的制药特色
价值取向	源于"可以养生，可以济人者惟医药为最"的创业宗旨。它所体现的正是儒家思想的核心"仁、德、善"。因此，"患者第一，顾客至上"始终是同仁堂追求的最高境界
质量文化	以药品疗效为核心的全面质量保障体系和现代制药规范。它概括为："安全有效方剂；地道洁净药材；依法科学工艺；对证合理用药。"它所形成是一种对药品质量高度负责的文化理念，并渗透于制药、营销管理和各项工作之中
诚信经营	"诚信为本，药德为魂。"具体体现是以患者为中心的"以义取利，义利共生"的行为理念。它所形成的是"德、诚、信"的思想和诚信文化
职工队伍	传承和发展同仁堂文化与事业的重要团队。"忠诚、无私、激情。"对工作的高标准，严要求，以及对病患者的同情友爱和高度负责
品牌形象	是同仁堂中医药文化的集中体现，是同仁堂的无形资产，是事业发展的载体、平台和基石。"吃同仁堂的药放心"是社会对同仁堂品牌的最高评价，是同仁堂济世养生的最终落脚点

4. 同仁堂的供应链管理

同仁堂采购药材，要求"选料上乘"。一要货真价实，采购人员要分辨药材的真假和是否掺入杂质。二是考虑等级。同仁堂对药材制定有内部标准，根据内部标准采购上乘药材。以人参为例，市场上的人参共分七个等级，同仁堂内部要求用头二等的人参、头二等的红参，进价再贵也按等级购买，绝不以次充好①。

在同仁堂2010年年报中，提到公司面临两大供应风险。一是近年来国内外市场对于中药原材料需求量迅速增加，加之气候异常导致的个别中药原材料产地严重受灾，以及人为因素影响，中药原材料价格出现普涨的情况。二是市场由于缺乏权威的品质鉴别标准和科学的种植引导，导致有部分原材料品质下降。因此质量合乎公司选用标准的原材料可能发生的数量短缺②。

同仁堂采取两条对策解决原料短缺问题。一是分析供应市场的波动，及时做好原材料的储备工作。二是将药材来源由从药材市场采购转向了基地供应。

同仁堂已在吉林、安徽、河北、山西、内蒙等全国中药材主要产地建立了15个绿色中药材种植基地，实现了主打药品所用药材的基地化供应③；并将进一步扩大基地供应药材的药品范围，努力实现主要药品所用药材的基地化供应。同仁堂加强对药材生产基地的监管，用同仁堂的质量标准和管理办法要求基地进行标准化生产，以提高基地的药材质量。

5. 同仁堂的生产管理

同仁堂努力改进生产工艺，大力提升生产环节企业的机械化、自动化水平，降低制造成本和人工成本，提高效率。如2010年上半年就取得了自动蘸蜡机、移印技术、药酒自动灌装等具有自主知识产权的突破性技术成果④。

同仁堂为了提高药品的科技含量，加强研发工作。如同仁堂科技发展股份有限公司先后采用无糖制作、全提取浓缩丸技术和片剂薄膜包衣、大

---

① 王娟.《走进同仁堂》系列报道之二——质量，以"质"为根孕育枝繁叶茂[N]. 首都建设报，2010-9-16.
② 北京同仁堂股份有限公司2010年度报告摘要.
③ 李万成.《走进同仁堂》系列报道之三——市场，开拓的脚步遍寰宇[N]. 首都建设报，2010-9-15.
④ 王文韦.《走进同仁堂》系列报道之四——创新，创新驱动，基业长青[N]. 首都建设报，2010-9-21.

孔树脂吸收、喷雾干燥、流化床造粒、超微粉碎等新工艺、新技术改进产品①。

同仁堂实施全面质量管理,在生产、配药等环节严格进行质量控制。如在配料工序中制定有"三检斤"、"四核对"制度,在抓方取药环节制定有的"四签字"、"五对号"制度②。

6. 同仁堂的渠道管理

同仁堂大力建设零售网络。同仁堂开店选址有两个硬指标:一是维护同仁堂品牌的控制力和良好的运营质量;二是坚持"三不开"原则,即药品市场混乱的地域不开店,控制力达不到的区域不开店,环境文化、地理位置不理想的地区不开店。目前同仁堂已在全国30个省、自治区、直辖市建立了营销网络,在16个国家和地区开办了2家独资公司、16家合资公司,零售终端覆盖30多个国家和地区③。

同仁堂加强对渠道商的监管,根据2010年年报,同仁堂股份有限公司派出专人负责在各主销区域内巡查,对渠道价格严密监控,对销售政策的落实情况进行摸底,梳理客户资源。通过对经销商的综合考评与备案管理,增进了与经销商的合作深度,为后续的品种推广打下良好基础④。

三、同仁堂创新营销总结和评价

1. 同仁堂创新营销总结

根据创新营销的12个维度及同仁堂的营销实践,同仁堂在这12个维度的表现如表11所示。同仁堂成功的重要因素是在传承的基础上,进行创新营销。

---

① 王文韦.《走进同仁堂》系列报道之四——创新,创新驱动,基业长青[N]. 首都建设报,2010-9-21.

② 王娟.《走进同仁堂》系列报道之二——质量 以"质"为根孕育枝繁叶茂. 首都建设报,2010.9.16

③ 李万成.《走进同仁堂》系列报道之三——市场,开拓的脚步遍寰宇[N]. 首都建设报,2010-9-15.

④ 北京同仁堂股份有限公司2010年年度报告摘要。

北京特色商业研究

表6 同仁堂的创新营销

创新维度	同仁堂的营销创新
提供物	①新产品："十二五"期间，计划新产品研发上市300种（含中成药、保健品、化妆品等）；②新服务："十二五"期间，计划开发中医医院、中医医馆、中医诊所达到300家
平台	衍生品：保健品、化妆品
解决方案	老中医坐堂，健康服务
顾客	①国外市场，让外国人接受中医中药；②养生、保健需求
顾客体验	顾客体验店
获得价值	收入来源：中药销售收入、保健品和化妆品收入、加盟费、医疗服务收入
过程	运营过程效率提高：①中药西制；②提升生产环节企业的机械化、自动化水平；③采用无糖制作、全提取浓缩丸技术和片剂薄膜包衣、大孔树脂吸收、喷雾干燥、流化床造粒、超微粉碎等新工艺、新技术改进产品
组织	在集团整体框架下发展现代制药业、零售商业和医疗服务三大板块，配套形成十大公司、二大基地、二个院、二个中心的"1032"工程
供应链	①加强对供应商的管理；②基地建设，主要药品所用药材的基地化供应，加强对药材生产基地的监管，用同仁堂的质量标准和管理办法要求基地进行标准化生产；③建设物流配送中心
呈现	"十二五"期间，计划零售及医疗网点突破2000家（其中国内1900家，海外药店100家）
品牌	品牌延伸：由中药延伸到化妆品领域

2. 同仁堂创新营销评价

尽管同仁堂进行了大量的创新营销，但从创新营销的12个维度来看，同仁堂有的创新维度创新性较高，但有的维度还做得不够，还可以探索更多的创新手段。以"呈现"创新维度为例，该创新维度要求"创造新的分销渠道或创新性的呈现地点，便于顾客方便买"。同仁堂可以考虑开设网络交易平台，实施网上购物，最大限度的便利消费者购买。再以"网络"创新维度为例，该创新维度要求"创造以网络为中心的智能化、一体化提供品"。同仁堂可以考虑老中医网络会诊、网络提供药品的一体化解决方案。

四、北京老字号创新营销实施建议

北京老字号要实施创新营销，应从以下三个方面着手：

1. 做好老字号的再定位

创新营销与企业的市场定位互相影响，一方面，市场定位作为企业营销战略的核心，从战略角度指导企业的创新营销；另一方面，创新营销活动可能提出一些新的营销思路，有可能原有的市场定位涵盖不到，有可能对企业的市场定位做出调整。

北京老字号的创新营销与市场定位的关系也是如此。一方面，北京老字号必须制定出清晰的STP战略，用以指导老字号的营销创新。另一方面，北京老字号创新营销的成果有可能促使老字号进行市场再定位。

在北京老字号进行市场定位时，老字号的优势都可能作为差异化的要素，如历史性、民族性、文化性、独特的工艺、诚信经营等。

2. 用12个创新维度的框架寻找可能的创新手段

北京老字号应以创新营销的12个维度（提供物、平台、解决方案、顾客、顾客体验、获得价值、过程、组织、供应链、呈现、网络、品牌）为指导，研究本企业的营销创新。根据每个创新维度的内涵，寻找目前本老字号已有的营销创新，探讨新的营销创新的机会。对于找出的新的营销机会进行评价，选择合适的新的营销创新进行实践。

3. 处理好传承与创新的关系

北京老字号要处理好传承和营销创新的关系。既要传承老字号固有的仍起作用的营销手段，又要探索与目前时代相适应的新的创新营销手段，给老字号注入新的活力。通过传承营销手段和新的创新营销手段的结合，最大限度的提升老字号的竞争优势。

北京老字号的规模扩张——全聚德案例研究

一、研究背景与目的

"中华老字号"是指:"历史悠久,拥有世代传承的产品、技艺或服务,具有鲜明的中华民族传统文化背景和深厚的文化底蕴,取得社会广泛认同,形成良好信誉的品牌。"商务部制定的《"中华老字号"认定规范》提出了"拥有商标所有权或使用权,品牌创立于1956年(含)以前,有传承的独特产品、技艺或服务"等7个认定条件。根据中国品牌研究院的调查,建国初期全国中华老字号企业大约有16000家,涉及餐饮、医药、食品、零售、烟酒、服装等行业。但是,大部分老字号企业由于不能适应经营环境的变化,面对国内新品牌的崛起和洋品牌的入侵,束手无策,陷入了困境,甚至破产倒闭,如"王麻子"、南京冠生园等,自毁品牌。众多老字号经营陷入困境或破产,其原因既有人们的生活方式、消费需求发生变化的原因,有传统手工艺落后于现代科技的原因,也有老字号经营不善的原因。20世纪90年代中期以来,由国家商业主管部门评定的中华老字号只有1600多家,仅相当于建国初期老字号总数的10%。现在,即使这1600多家中华老字号企业,也多数经营出现危机,其中70%经营十分困难,20%勉强维持经营,只有10%老字号企业及时调整经营策略,抓住经济形势变化带来的机遇,得到迅速发展,如北京全聚德、张一元、吴裕泰、同仁堂、上海的恒源祥等[①]。2006年底,商务部认定了首批430家

---

① 作者不详.[OL].中国品牌研究院网站,http://www.brandcn.org/displayContent.asp?id=1137

"中华老字号"品牌。

  国外知名企业肯德基、麦当劳、沃尔玛、家乐福在中国市场上采取的连锁经营模式,使其迅速扩张,给中国老字号既带来了冲击,也带来学习和改变发展模式的机遇。20世纪90年代以前,我国老字号企业普遍采用的是小门小户即传统的手工分散式经营方式。在中国经济进入高速发展期后,针对日益增长的大众化消费市场和竞争日益激烈的供应商市场,传统老字号企业开始审视新的经营模式以保存和发展赖以生存的品牌,在竞争格局发生变化的情况下,只有大而强的企业才有足够的实力参与市场竞争和持续发展的能力。

  老字号企业扩大经营规模,可以有多种方式,比如集团化、连锁经营、授权经营,或重组兼并等,这些形式都可以去积极探索、大胆尝试。但从目前的实践来看,具有现代经营方式和先进营销理念——连锁经营是一种较为理想的选择,为传统老字号带来强大生命力。很多老字号企业纷纷采取连锁经营发展模式,通过迅速扩展业务、低成本等特点确保自身对竞争对手的规模优势。

  老字号企业纷纷采取连锁经营模式,其中如同仁堂、张一元、吴裕泰、全聚德等,它们实行统一采购、统一配送、统一标识、统一经营方针、统一服务规范和统一销售价格的连锁经营模式,客流量不断增加,营业额迅速上升,门店数量不断增多,实现了规模化发展,提高了品牌的知名度。截至2008年底,稻香村、张一元、吴裕泰等8家老字号连锁企业在680家门店的基础上发展到超过1400家,其中在海外的门店数保持30%以上的比例。同仁堂和全聚德在海外共有31家店铺,分布在18个国家和地区;东来顺集团近3年重点开发直营连锁,集团总部销售额3年翻两番,利润翻三番[①]。

  虽然很多传统老字号企业引入了这种先进经营模式,但是由于行业集中度低、盲目扩张、管理人才和专业人才缺乏、资金匮乏、配送机制不健

---

① 资料来源中华老字号网站http://www.cnlao.cn/。

全、信息化程度不高、体系及产品标准化难等内部问题，严重制约着老字号企业连锁经营的发展，迫使其不断寻求解决方案。如2003年，内蒙古小肥羊的店面数高达721家，成为仅次于百胜餐饮集团的全国餐饮企业百强第二名。但由于标准化执行不到位，小肥羊在2003年底停止了连锁加盟，店面数量也锐减到目前的350家。中华老字号"天津狗不理"因各地加盟店管理松散，严重损害了"狗不理"的品牌形象。因而，标准化的制定与执行成为了众多老字号连锁企业面临的一大难题。

总之，传统老字号企业引入现代化的连锁经营管理理念，实现老字号商业价值规模化扩张是由一系列国内外原因促使的变化过程。连锁经营的规模化和标准化效应可以使老字号品牌优化资源配置、降低经营费用、提高市场占有率、强化企业形象、提高竞争实力，并可以起到强化品牌优势的作用。通过连锁经营，以老字号企业为代表的中华传统文化得到了弘扬。在这一方面，全聚德通过建立完善标准化机制、严格标准化制度的执行、强化连锁店控制和管理、采取特色的营销模式、重视人力资源建设以及资本运作，成为了老字号经营比较成功的企业。本文以全聚德为例，研究目的在于通过分析全聚德引入连锁经营方式和先进的管理理念，结合我国饮食文化特色，实现标准化的连锁经营，在中小板块上市，以及品牌营销管理中存在的经验和问题，为中国传统老字号企业提供一些快速成长的借鉴。

二、文献回顾

Kotler等[1]指出连锁经营是21世纪卓越的销售产品和服务的手段，服务型企业运用连锁经营模式在空间的扩张上比生产型企业具有更大的优势，它可以根据本身的实力进行目标市场选择和进入，快速的"复制"实现规模化和低成本。连锁经营提供了一系列经营优势：系统化快速增长，集中统一化竞争，战略统一，制度化优势，数量和价格优势[2,3,4]。

目前，根据国际上通用说法，连锁经营可以分为三种方式：直营连锁、特许连锁、自愿连锁。直营连锁即连锁店的店铺均由总部全资或控股开设，在总部的直接领导下统一经营。国际连锁商店协会（CIES）所下的定义是："以单一资本直接经营 11 个商店以上的零售业或餐饮业组织。"特许连锁（亦称合同连锁，又称加盟连锁）。国际特许经营协会（IFA）对其的定义是："一种持续的关系，在这个关系中，特许总部提供一种被经许可的商业经营特权，并在组织、训练、商品计划和管理上提供援助，以此作为加盟者的回报。"直营连锁和特许连锁这两种类型可以在一个连锁企业中相互交叉存在。自愿连锁（也称自由连锁）即自愿加入连锁体系的商店。这种店由于是原已存在，而不是开店伊始就由连锁总公司辅导创立，所以理应在名称上有别于加盟店，亦称为"自愿加盟店"。

企业的扩张最有效的方式就是连锁经营。方惠、乞建勋[5]指出连锁企业规模化不能低于最小经济规模水平，否则，经营收益就会小于成本。周殿昆等[6]认为，除了规模经济外，工业化、标准化、专业化原理也是连锁企业进行样板店复制，实现低成本扩张，创造高于传统单店零售企业的效率和收益的原因。没有哪一个特许经营组织可以不经过激烈的变革而从平庸走向卓越。Shane[7]指出连锁企业在探索规模化发展的路上出现了不同的方式，最基本原则是通过标准化服务进行网络复制以获得规模经济、保持服务质量和支持品牌价值；而授权者（或总部）主要工作就是根据情况变化及时制定或修改标准制度[8]，加盟商或分店则向消费者实现这种定制化服务或产品[9]。方惠、乞建勋[5]则指出到连锁企业是一种规模经济较为明显的商业组织形式，指出连锁商业是通过规模扩张以实现规模经济效用，连锁企业可以同时采用众多组合方式来实现规模化扩展。

在连锁企业标准化研究方面，Nanda&Peter[10]通过实证建立了影响连锁企业的标准化三因素模型，指出顾客对营销组合的反应的同质性程度、竞争优势的可移植复制性以及市场自由经济的同质性，三个因素形成标准化的基本并影响标准化策略；当这三者的程度都较高时，企业才能进行高度的标准化；相反则会导致负面效应，影响企业收益。NuriaLopezMielgo等[11]指出企业的一些资源能够促进标准化活动，一方面，开发创新能力使公司提前进行规范化管理系统的开发；另一方面，质量部门和研发部门应该相互配合，以促进新产品或生产流程的标准化管理。

总体而言，以往对连锁企业的研究主要集中在零售便利店方面[12]，对于传统企业尤其是老字号餐饮企业的研究还很少。在方法上，以往的研究集中于定性和定量的方式，而案例研究方法则采用的比较少。案例研究方法以其动态性的特点克服了传统方法的静态性[13,14,15]（Elango & Fried，1997；Hing，1995；Inma，2005），成为了比较好的研究连锁的方法。本文将沿着这一思路，以案例研究的方法探讨全聚德引入和完善连锁经营的思路和做法。

三、全聚德快速成长之路：连锁经营模式

"全聚德"始建于1864年，以经营果木挂炉烤鸭和深厚的饮食文化闻名海内外，荣获首例服务类"中国驰名商标"，是著名的"中华老字号"餐饮企业。1994年，全聚德开始引入连锁经营的模式，规模随之不断扩大，取得了不错的成绩并于2007年11月成功在深交所上市。上市融资为老字号企业注入新鲜的血液，有形资产与无形资产的有效对接，进一步促进老字号品牌的发展。在众多老字号深陷规模、体制、产权、营销模式的泥潭时，全聚德的上市为老字号企业发展提供了经验。

1. 全聚德连锁经营模式引入背景

全聚德从1864年创始至今经历了传统经营模式向现代连锁经营模式的转变。在1993年以前的130年间，采用的经营方法是传统的手工式、分散经营的模式。改革开放以来，我国的餐饮业大致经历四个发展阶段：改革开放起步阶段、数量型扩张阶段、规模连锁发展阶段和品牌提升战略阶段。首先，20世纪90年代中期，餐饮企业连锁经营推进速度明显加快，在全国范围内，很多品牌企业跨地区经营，并抢占当地餐饮业的制高点，企业逐步走向连锁规模化成为这一时期的显著特点。其次，外资餐饮公司凭借先进的经营管理制度、高效的物流配送体系，在中国大力发展连锁餐饮店，如百胜餐饮集团、麦当劳餐饮集团成功地开设了肯德基、必胜客、麦当劳等著名餐饮品牌连锁店。面对国外企业的竞争，全聚德认识到若想把餐饮业做大做强，一是实行连锁经营、二是资本运作。从实践经验来看，连锁经营是提高品牌知名度、扩大营业规模和数量的理想选择。于是，全聚德从1993年开始，从集团决策层到员工逐步推行连锁经营模式。

2. 全聚德连锁经营历程

从1993年全聚德集团开始引入连锁经营模式至今，其发展历程大致又可分为三个阶段。

第一阶段：集团内部资源整合、建立现代企业制度。在1993年5月，经北京市委市政府批准，北京和平门、前门、王府井三家全聚德烤鸭店合为一体，组建了"中国北京全聚德烤鸭集团公司"。在这一阶段，全聚德主要是进行内部资源的有效整合，"化零为整"使全聚德具有了规模化发展的实力，同时对公司进行股份制改造，转变已有的经营和营销模式，初步为引入连锁经营奠定了基础。1994年初，全聚德提出利用品牌优势实行连锁经营的思路，进而走上规模化、现代化和连锁化经营道路的发展战略。

第二阶段：特许经营阶段。1997—2007年上市期间，全聚德主要实施的是特许经营的发展模式，其特许经营门店数不断增加，特许经营的手册、规定不断完善。在此期间，全聚德战略布局是在北京地区重点选择空白地区开店，而外埠市场则以特许加盟连锁方式扩张。2005年初，在北京全聚德烤鸭股份有限公司基础上组建了有50余家联营企业的大型餐饮服务集团——中国北京全聚德集团。到2007年底，公司在北京、上海、重庆、长春等地拥有"全聚德"品牌直营店7家、"仿膳"品牌直营店1家，"丰泽园"品牌直营店2家，"四川饭店"品牌直营店1家。同时公司还拥有大陆地区"全聚德"特许加盟店57家和海外"全聚德"特许加盟店5家。公司实现营业收入91661.63万元，较1993年时资产增长达十几倍，全年接待宾客386万人次①。

---

① 数据皆来自全聚德内部资料以及公司年报。

第三阶段：逐步向以直营为主转变。上市之后，全聚德逐步转变连锁经营方式，从以特许经营为主逐步转变为在全国以直营连锁精品正餐形式进行扩张。公司设立连锁公司管理部，先对申请加盟店进行考察，如果适合条件与加盟者签订一系列的合同，并派遣包括厨师在内的管理团队对特许店进行辅助管理。合同到期后，公司出资收购特许店，使特许店转变成直营店。从营业额来看，2008年度，公司实现营业收入111207.62万元，同比增长21.32%；全年接待宾客416万人次，同比增长7.77%。16年来，全聚德发挥品牌优势，实施中式正餐精品战略，逐步建立了包括无形资产、连锁开发、质量运营、统一配送、教育培训等在内的发展连锁经营所必需的一整套管理体系，使其连锁经营质量不断提高，规模不断扩大，效益逐年增长。

3. "全聚德"连锁经营模式的主要内容

引入连锁经营早期，全聚德主要采用特许连锁经营方式。特许连锁具有融资的功能，即能以较少的投资达到迅速发展公司业务的目的，同时通过经营权的转让积累大量的资本，使公司的无形资产变为有形资产，从而增加公司的实力和发展能力。对于投资者，加盟后既可以利用总公司的技术、品牌和信誉开展经营，又享有总公司全方位的服务，故经营风险较小，利润较稳定。全聚德原计划通过特许经营发展连锁店，但许多特许店纷纷出现了问题，原因主要有以下两个方面：一是对加盟商的选择不当；二是总部忽视对加盟商的后续管理，使得加盟商的服务比较滞后。因此，2007年初，全聚德开始调整战略，转变为以直营连锁精品正餐市场形式扩张，同时不把数量目标作为重点，而是把质量目标作为第一。

管理、品牌、文化和经营模式是构成餐饮企业的坚实基础，总结全聚德连锁经营之路，主要有以下四点内容：

(1) 标准化管理。

连锁经营能迅速地扩张规模、快速地占领市场，提高知名度，其核心问题是标准化。产品标准化只是一方面，设备和人才也要标准化，而制度标准化才是连锁的精髓所在。

1) 全聚德的产品标准化。

连锁首先要求的就是产品的标准化。全聚德经过多方调查研究，将其主打产品烤鸭及配料进行了标准化，组建了集中配送中心，对集团60余家连锁店的鸭坯、荷叶饼、甜面酱统一配送；在制作上，从100多种菜品当中提炼出40余个菜品进行标准化，从用料、制作工艺、色泽、营养成分等方面进行测试，统一标准。连锁店必须用到包含烤鸭系列的40道贯标菜，其他的菜则可以根据当地消费者的需求，适度进行差异化、本地化，开发经营具有当地特色的消费者欢迎的菜品。

2) 全聚德的设备和人才的标准化。

目前，全聚德用的是第四代烤炉，由电脑自动化控制，烤出的烤鸭与手工烤制的色香味完全一样。不但如此，全聚德还集技、工、贸于一体，拥有国内一流的现代化禽类加工制坯生产线、国外引进的餐饮专用荷叶饼生产线、微波杀菌生产线及各种专业设备，有不同吨位的保鲜、速冻、低温冷冻库及冷藏、保温车辆等。在人力资源建设方面，全聚德与高校联合开办高级管理人员 MBA 班、厨师班、服务员大专班、全聚德餐饮学院，建立了专门负责培养所需的经营人员、技术人员、服务人员的全聚德培训中心及与之相适应的各类培训教育教材和培训手册，形成从上而下的人才培训网络。

3) 全聚德的制度标准化。

全聚德建立了发展连锁经营所必需的一整套体系：①无形资产管理体系，即商标注册管理、授权使用、权益维护制度及企业的 CIS 系统、经营理念等；②连锁开发管理体系，即连锁企业规模标准、装修标准、加盟商选择标准、市场选择标准、项目开发程序、营建手册等；③质量运营管理体系，即企业环境标准、菜品质量标准、服务程序及标准、督导制度、秘密顾客检查制度、ISO9002 质量管理制度等；④统一配送管理体系，即配送中心和半成品加工基地的建设、统一配送物品品种及质量标准、统一配送物品的价格及结算制度、统一配送执行情况的督导检查制度、统一采购制度等。全聚德印发了《全聚德特许经营管理手册》、《商标管理办法》、

《特许权使用费管理办法》、《加强集团企业经营管理工作意见》、《特许经营合同》、《商标使用许可合同》等一系列文件,为企业开展连锁经营奠定了制度基础。

(2) 品牌管理。

全聚德连锁经营的发展,得益于品牌的内聚与延伸。品牌价值及凝聚在品牌之上的文化价值是推动全聚德连锁经营发展的内在动力。随着连锁经营的不断完善,"全聚德"无形资产价值也日益增长。据评估,1994年全聚德无形资产价值是2.69亿元,而到2005年,世界品牌实验室宣布全聚德品牌评估价值为106.34亿元。2007年,在第二届亚洲品牌盛典中,"全聚德"品牌荣获第320强,是亚洲餐饮行业唯一进入亚洲500强品牌的企业[①]。

全聚德连锁,是典型的品牌连锁,是以全聚德的无形资产为纽带发展的连锁,是以直营连锁与加盟连锁相融合的连锁。老字号品牌是珍贵的民族遗产,是发展连锁事业的宝藏。然而,老字号成功发展的所在,是老字号品牌能否冲破传统,超越自我,能否跟上时代的步伐。"金矿只有在时代的熔炉中才能百炼成金,传统老字号只有与时代品牌接轨才能永葆青春,灿烂生辉。"全聚德集团成立16年来,发挥老字号品牌优势,在发展过程中确立了详细的品牌发展战略:积极注册商标、完善特许经营、注重品牌合作。①在注册商标方面:在国内,包括以全聚德烤鸭为基础,全聚德经国家工商局商标局正式注册了"全聚德"商标9个,注册范围涵盖25类97项,向前延伸和向后延伸使用全聚德商标的25类近百种商品类商标,形成"防御性商标"。②在特许经营方面:全聚德集团成立连锁经营公司,作为全聚德连锁经营总部,专责全聚德连锁经营事业。全聚德还制定"不重数量重质量"的原则,着重发展经济较发达适合北方菜系的地区,市场布局涉及到各省会城市、大中城市、沿海地带为主,开发A级、B级店,建立从立项、签约到培训、配送、开业、督导等一整套特许经营管理体系

---

① 付卫红,姜俊贤. 老字号的新风貌 [J]. 前线,2001,10: 48 – 50.

和程序。③在品牌合作方面：全聚德的品牌合作，一是纵向发展，即品牌的延伸整合上下游产业；二是围绕餐饮主业，形成相关性的多元化，向服务于主业的横向副业发展。

(3) 营销管理。

全聚德还在营销管理手段上不断创新。老字号的品牌需要在保持传统特色的同时，创新品牌文化，而这些就需要特色的营销方式。首先，进行产品和技术创新。全聚德集团在保持其原有特色菜品文化的同时，不断结合实际，探索新的菜品，深受顾客的喜爱；不断在传统的生产工艺中加大科技含量，实现生产的工业化、规范化、标准化，提高产品的技术含量。其次，文化营销铸品牌。2005年建立了全聚德展览馆，形成文化引领营销，营销推动文化发展的良性循环，使广大顾客来全聚德不仅满足了口味上的需求，还加深了对全聚德历史文化的了解，使其体会到文化附加值的愉悦。再次，推出主题餐厅，以创造一个或多个文化主题为标志，并围绕主题餐厅环境氛围、提供特色服务，如全聚德的和平门店以"名人文化"著称，前门店以"老铺文化"著称，亚运村店以"奥运"为主题。

全聚德运用品牌优势，大力推进特许连锁经营。如今，全聚德的发展"触角"已延伸到全国26个省、市、自治区，在全国省会城市、特色旅游城市、商贸活动频繁的中等城市、边贸及港口城市优先发展，建立起全国性的直营连锁与特许连锁，相互促进、优势互补的市场网络。"全聚德"还在澳大利亚、日本、缅甸、香港等国家和地区建立了特许连锁店，积极开发国际市场。

(4) 资本运作。

全聚德为建立现代企业制度，积极开展上市融资。2007年11月20日，中国资本市场迎来了第一家餐饮服务业的"中华老字号"——全聚德。此次全聚德公开发行3600万股A股，发行价11.39元/股，募集资金净额3.88亿元。募集资金将主要用于现有企业的提升、改造；支持连锁发展的食品生产基地与物流配送中心升级改造；拓展连锁经营项目。其中，连锁拓展项目耗资2.1亿元，用资比例最大。上市对全聚德品牌的提升是极其巨大的，成功上市本身也是一种面向广大股民的品牌推广，在募集资金以后，全聚德迎来了快速发展的新时期。

四、案例分析：连锁经营与老字号企业的发展

全聚德通过十几年的连锁经营模式的改造，从以单一的老字号餐饮为中心的经营模式转型到以品牌为主、标准化体系优化以及区域市场为中心的连锁经营发展模式。老字号连锁明显的优势是可以在低成本、规模化的前提下迅速复制发展，实现低风险、低成本扩张，具有市场优势、人才优势、信息优势、经营管理优势和投资开发优势；同时连锁店在保持总部品牌、服务、信息等标准化的优势下可以发展适合本地特色的连锁店。

传统的老字号企业手工式的操作无法满足企业规模化发展的要求；而管理思维定式和分散式无法与企业人才建设同步；顾客单一、人际关系复杂也制约着老字号餐饮企业新市场的开拓。全聚德通过对连锁经营模式的引入，标准化制度体系的建立和完善，使企业得到了规模化的发展；标准化也使全聚德的企业管理逐渐向现代企业制度要求靠近，使企业焕发了活力；营销模式的转变也使企业在维系好老顾客的同时不断地拓展新市场；资本的初步运作也使企业在规模化发展上有了资金保障。全聚德标准化体系组成如图1所示。

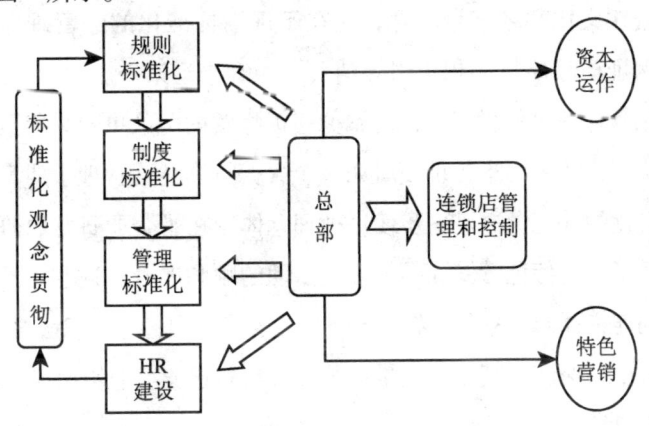

图1 全聚德标准化体系的组成

1. 标准化制度的优化成为贯穿全聚德连锁经营的主线

（1）制度的标准化。

连锁经营是企业经营发展的高级形式，并被誉为目前最具竞争力和发展潜力的营销方式（Kotler，2003）。1993年全聚德引进连锁经营模式，1998年按现代企业制度转制为全聚德集团有限责任公司，2005年改名为"中国全聚德（集团）股份有限公司"，2007年成功在深交所上市，全聚德连锁经营之路贯穿着对自身管理制度标准化的完善。全聚德早于1993年就与哈尔滨联营店、原洛阳联营店、北京正阳门联营店、大连联营店先后签署了《全聚德特许经营权确认书》（后变为标准的特许经营合同），开始了标准化经营对企业的改造过程。标准化机制的引入为全聚德集团带来了新的生机和活力，也扩大了全聚德集团的知名度、美誉度及其社会影响力。

（2）标准化理念。

全聚德的经营理念、服务理念、价值观、公司精神皆通过严密的筛选和教育，使包括职工和管理人员在内的全体员工的经营观念统一。任何一个成功的连锁企业，一定是一个独特的文化团体。标准化理念是连锁企业的灵魂，是连锁企业经营方式、经营构想等活动的根据所在。每一个连锁店，无论规模、地区是否存在差异，都必须持有一个共同的标准化经营理念。全聚德取得的成就以及一百多亿的品牌价值，就在于它不仅本身就代表着中华餐饮文化和老字号品牌，还在于逐渐标准化的经营理念与规范化管理，即保证产品质量、积极引导消费、顾客永远第一。

标准化管理理念的贯穿，使全聚德连锁经营的引入更容易得到中层管理和员工的认可，随之而来各种手册如《全聚德特许经营管理手册》建立和全聚德企业文化的补充，更进一步使这种理念体现在了企业日常管理和运行当中，也保证了企业特色营销和品牌推广活动的顺利展开。这些手册规定的标准，细化到连锁经营日常的经营管理、菜品质量、服务质量等，使其有章可循，有册可依，保证了其菜品质量、服务质量和管理水平的稳定提高。

（3）标准化的执行。

理念的贯穿关键在执行上，①全聚德为保证执行标准化成立了标准化工作小组，组织工程技术人员和厨师进行攻关，分析测试了数万组数据，完成了全聚德特色菜品的量化定标。②操作和执行过程的标准化。目前，全聚德集团5家直营企业和总部指挥系统全部通过了ISO9001/14001质量和环境管理体系的认证。③全聚德整合供应链上下游，不但出资成立北京全聚德三元金星食品有限责任公司，建立起集团统一采购的模式，集中控制材料如鸭胚的供应，实现了标准化生产，控制了成本；整合其他北京著名老字号品牌仿膳饭庄、丰泽园饭店、四川饭店，实现$1+1>2$的作用，并扩大了品牌的影响力。④企业人才结构的高度决定了企业的高度，全聚德标准化的执行还体现在人力资源建设上。管理人员学历层次都比较高，本科、研究生学历的员工比率较高，同时重视对管理人员特别是高层管理人员业务水平的提高，进行了一系列培训，在培训中提高管理层对国际先进管理理念和连锁经营的理解，在取得相应的管理技能后，把它转化为日常运营和服务的能力①。

(4) 标准化与差异化。

全聚德在实行标准化的基础上还适度的进行了差异化。差异化是在标准化指引下进行的适度差异化，其核心就是尊重不同地域人群的消费特点。总部是差异化和创新的核心，如果连锁店要进行菜品的差异化，必须先向总部申请。总部经过讨论后，如果可行则先将其进行标准化，然后大规模的在分店复制执行；如果不可行，经总部授权后才可在分店执行，前提是不能与企业的标准化理念冲突。对企业标准化的决心是一种强化，体现了标准化要以总部为核心，分店为辅的模式，同时还保证了差异化的可复制性，鼓励连锁店协助总部进行创新。

标准化制度的确立是全聚德探索总部与连锁店之间关系的经验和教训得来的。2002年左右，全聚德"南下"深圳、南京、汕头、杭州以及广州的失利，其原因都是标准化制定与执行的程度不够，在市场调查定位上没有严格按照标准化制度来进行，而且连锁店自行改变菜系结构和价格进行

---

① 全聚德集团编制．全聚德——特许连锁经营之路，内部资料．

了不适合的差异化，再加上宣传和公关的不合理，不但使全聚德在这些地方的连锁店因亏损严重相继关门，还影响到全聚德"诚"和"德"的品牌形象。

2. 强化连锁店管理和控制

全聚德在规模经济和品牌策略方面是成功的，但是连锁经营最重要的是连锁店管理和控制。很多连锁企业在规模扩张后没有重视后期管理和控制导致了加盟商管理混乱，损害了总公司的品牌形象。经过摸索和总结，全聚德在管理和控制连锁店经营上注重监督和指导，以质量管理为核心，在特许经营后续管理方面取得了丰富经验。

（1）加盟商的选择。

首先，全聚德要进行市场调查。目标市场最好是长江以北的城市（因为全聚德属鲁菜北方菜系），地级城市以上，150万人口以上。加盟商提出申请后，除了前期考察其地域条件，商圈，人口和硬件设施（如停车场）等。其次，对于加盟商选择是严格的。加盟商要具备多年从事餐饮业经营管理的经验，且以往与今后发展的主业须是餐饮业。再次，结合有形和无形资产的使用，以其股权分享利润与无形资产授权使用的管理模式相结合，该方式保护了全聚德品牌的发展。最后，借鉴了麦当劳、肯德基发展的理念，建立了连锁经营的一整套管理体系，包括无形资产的管理体系，即商标的注册管理、授权使用、权益维护以及企业的经营理念等；开发管理体系，即连锁企业的规模标准、加盟商的选择标准、市场的选择标准、市场的开发程序等；质量运营管理体系，即企业的环境标准、服务程序、督导制度等，并已全部完成了相应的管理体系认证。

（2）连锁模式的转变。

餐饮服务业是特许经营比较发达的传统行业，主要是由其行业性质所决定。因为餐饮服务业一般规模较小，而品牌优势明显且具有较高文化内涵的老字号，更适合特许经营模式。但是，实行特许连锁的餐饮服务业的老字号往往由于没有理顺单店与总部的关系而使其经营上出现很多问题。中国传统文化中"宁为鸡头，不为凤尾"的观点助长了这些问题，这种观点显然与标准化连锁的理念是相悖的。

　　连锁是一个循环的过程，只有做好连锁店，才能发展好集团；整体的标准化、规模化又增加连锁店的影响力。如果只求规模速度、市场占有率、数量增长，不考虑单店的生存状态，一旦现金流出现异常，小则元气大伤、前功尽弃，大则影响总部的品牌影响力。在21世纪初的几年，全聚德采取大规模发展特许店的方式，但许多特许连锁店对总部的规定置若罔闻，再加上扩张过快，人员、技术、管理和控制不到位，以致很多特许连锁店陷入了亏损甚至关业。对于开展特许连锁的弊端，全聚德总结到：目前特许连锁的管理还处于待完善阶段，对于市场风险选择方面需要进一步探索有效可循的模式；其次，我国区域间的市场环境有很大的差异，特许连锁体系难以做到如肯德基、麦当劳一样；对于加盟商的管理较难，与加盟商的沟通不充分，无法直接监督，加盟商私自进货"偷梁换柱"，"体外循环"的现象十分严重，无法保证烤鸭的正宗口味，对全聚德品牌形象造成很大负面影响。痛定思痛之后，公司2007年后逐步调整战略：以直营店为主，以加盟店为辅（见图2）。做强直营店，使之成为全聚德发展特许连锁的基础和保障，以质量为主，不再追求数量；特许连锁店则继续完善，进行标准化的深入改造，不但使自己的品牌质量得到了保证，还保护了加盟商的利益。

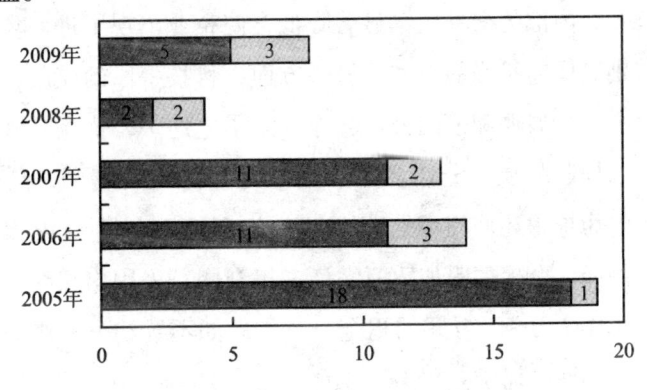

年份	特许店	直营店
2009年	5	3
2008年	2	2
2007年	11	2
2006年	11	3
2005年	18	1

图2　全聚德近五年直营店与特许店开店数对比图
（■特许店，▨直营店）

(3) 连锁店的管理。

1) 建立决策层任命制度、巡视和神秘客访问制度。第一，决策权的控制，董事会直接委派总经理到直营店；第二，半成品的控制，核心产品统一由总部配送；第三，日常督导，区域公司成立之后，管理半径缩小很多，由区域公司主导监督，总公司定期和不定期巡视，每年至少一次对加盟店进行服务质量和菜品质量检查和考核，再辅以不定期神秘客访问（由专业咨询公司负责）；第四，强化标准化，连锁的成败与其产品和服务的标准化有重要关系，全聚德有 300 多样菜品，40 多道贯标菜系实现标准化，原料、佐料、加工、盐等也实现了标准化，像盐能精确到 0.5 克[①]。

2) 积极支持连锁店的发展。全聚德参考国外先进管理方式，在连锁店成立之初与连锁店签订派遣员工协议，总部派遣包括厨师、技师在内的管理团队辅助连锁店进行运营管理，使其尽快适应全聚德标准化管理，进而快速的渡过市场培育期并实现盈利。

3) 利用科学信息技术提高管理水平。信息技术一方面改变了企业管理的方式。全聚德在日常管理中采用了办公自动化系统和信息管理系统。减少了企业内部管理的层次，实现了扁平化。通过信息管理系统，经理可以实时监控经营过程，及时与正在开展业务的员工保持联络并加以调控，总公司能够随时查询各地分支机构的信息，以便及时制定和调整战略。这使得全聚德企业内部的交易成本显著降低，使企业出现了进一步向外扩张的空间，特别是横向扩张的空间。另一方面，科技手段的应用还体现在生产设备设计上。全聚德和德国公司合作开发了电烤炉，优点是既能够保护环境，又可以控制品质，分店和总店用电烤炉烤出的鸭子，品质口味一样。同时，电烤炉中还使用了先进的自动控制技术，保护了全聚德核心技术和专利。例如，全聚德跟加盟商签订三年合同，采用出租烤炉方式，10 万元押金，每年 2 万~3 万元的租金，三年后如不续约，电烤炉自动终止工作程序，总部回收烤炉。

---

① 付卫红，姜俊贤. 老字号的新风貌 [J]. 前线，2001，10：48 – 50.

3. 特色的营销模式

现代市场经济的发展，逐渐使传统的"酒香不怕巷子深"的4P市场时代一去不复返，随之而来的是"王婆卖瓜式的、巧包装的"4C买方市场。对此，全聚德以"中华老字号"为核心，创新营销手段，主打特色营销活动，拓展了市场。

（1）积极发扬老字号悠久的历史文化特色。首先，以各种特色主题加大宣传，如和平门店的名人效应，以"名牌名店聚名人"为主题，新建"名人苑"走廊，陈设各位名人在全聚德用餐或举行宴会的场景。其次，全聚德每年都会以中华饮食文化的代表接待来自五湖四海的宾客，他们认为对于这家百年老字号来说，"古老"、"正宗"、"原汁原味"是吸引他们选择全聚德的根本原因。再次，老字号文化是产品的附加值，在全聚德金匾下制作的烤鸭、菜品，不仅是满足口腹之欲的食物，而且还附有文化故事。明堂亮灶、帝王间、老铺、老區，让人感受到就像是展开一幅透着历史沧桑的文化画卷，让顾客体会到文化的美感，提高了产品的含金量和顾客的享受度。最后，建立文化特色长廊，突出了自己的品牌效应，使消费者更加感到"物超所值"。

（2）全聚德引进和吸收现代国际化营销方式。如全聚德对于自己的市场定位是中式正餐精品，面向的是大众消费群体；设立区域公司，如在上海、青岛、长春建立区域性投资公司，区域公司负责在一定的区域中寻找投资能力的合作人，管理全聚德分店，利用当地资源进行管理和发展，这种先进营销的方式不仅为全聚德本身带来巨大成功，同时也为加盟商带来巨大利益，如在2007年，上海分公司实现营业收入1319.99万元，重庆分公司1355.99万元，长春分公司2467.94万元[①]。

（3）结合我国国情，创造出具有中国特色的营销方式。根据各种节日和国家重大活动开展主题营销，以节造势。根据目标市场的发展变化，在制定企业营销组合策略时，进行产品创新、价格创新、渠道创新和促销创

---

① 全聚德集团编制. 全聚德——特许连锁经营之路，内部资料.

新。实行标准化的营销策略，在广告、包装等方面融合民族文化，形成鲜明的个性。

4. 资本运作

上市对于企业的成长是一种助推作用，2007年11月20日，在深交所上市的全聚德可以说是"靠鸭子一飞冲天"，凭借上市募集资金近38800万元，不但克服了短期流动资金少的问题，而且对于其品牌的推广作用也是巨大的。①由于资金充足，全聚德开始增设区域公司，减少管理幅度，节约资源，提高效率，保障品牌。②"鱼刺状"的多元化。对于老字号企业走多元化路线，全聚德开发了与主业相关的一系列产品，涉及酒水、饮料、甜面酱、荷叶饼以及用鸭子辅料制作的小食品等，不仅丰富了相关的产品线，而且还提高了原材料的附加值。③利用资本集聚的功能"借鸡生蛋"，使全聚德跨越式发展，不但可以降低经营成本，吸引国内外众多的资本主体，还可以扩大市场占有率，进而成为世界知名餐饮企业。连锁经营方式最重要的生命力就是在于通过资本经营和有效运筹，提高企业的组织化程度和经营规模。

总之，全聚德作为老字号，率先攻克了中餐标准化的问题，强化以总部为标准化核心并且制定相关手册和条例，同时结合自动化和信息化对连锁店进行有效的控制，并在营销方式上结合中国传统文化进行创新，利用从资本市场筹集的资金积极拓展国内外市场，促进了全聚德品牌价值的提升。

五、研究结论和今后课题

本文基于连锁经营相关理论，从老字号全聚德连锁经营之路引入，探讨了老字号企业进行创新发展的模式。全聚德经营管理模式的变化，是为了应对国外餐饮企业的冲击，这一"华丽的转身"不但挽救了以全聚德为主的众多老字号品牌，也意味着老字号企业完全可以凭借自身的文化特色优势，辅以先进的管理模式，进行以消费者为中心的经营模式转型。本文的研究结论主要体现在以下方面：

第一，连锁能够使老字号实现快速成长。20世纪90年代，我国老字号企业所面临的国内外市场环境发生了很大的变化，由于国际跨国集团的涌入，国内产生了激烈的竞争，国际跨国集团营销以年轻的消费者为中心的，提倡快速、人性化的服务方式，极大冲击了老字号企业的经营方式和理念。老字号企业引入连锁经营，不仅提高了全聚德竞争力，促使其转向了更高的服务水平，提高市场反应速度，通过连锁经营实现了快速成长。

第二，营销软实力提升了老字号连锁的品牌适应性。市场的结构性变化给老字号餐饮企业带来的困难是巨大的。所谓的"难题"指的不是市场需求的减少，相反，20世纪90年代的市场变化极大促进了我国的消费，尤其是服务业的发展。新的市场环境和市场需求带给老字号企业的机会是无限的。"难题"在于：采取什么样的方式经营老字号，使更多的人知道老字号产品，这就促使老字号企业努力提升自己的营销实力。老字号最重要的软实力在于它代表了中华传统文化，连锁的可复制性、规模化发展促使了老字号品牌的推广，结合中华文化，极大的增强了老字号的营销软实力，有助于老字号品牌更好的适应市场结构和顾客要求的变化，是我国老字号企业营销创新、提升整体适应能力的重要突破口。

第三，制度标准化是连锁经营标准化的核心。引入连锁最主要的就是有一系列的标准化制度。制度的标准化不但进一步使规范化理念体现到连锁店日常运营和管理中，也保证了企业特色营销和推广品牌活动的展开；而且制度的标准化，对连锁店日常的经营管理、产品和服务质量是一种保障，做到有章可循，有据可依。

第四，老字号连锁应以直营为主、特许为辅。在特许经营中，授权者和加盟者之间是一种特殊的利益博弈关系（Justis & Judd, 2004），而中国的相关法律不成熟，使得特许连锁在很多城市的实行遇到了很多的问题，尤其是当老字号面临加盟者损坏其品牌利益时，往往在申诉过程遇到的是地方保护主义。在我国这种大环境下，老字号发展连锁经营，应当以直营为主，以特许为辅。

第五，重视人才培养和科技运用。无论是菜品的制作还是营销软实力的提升，都需要人来管理，老字号的成就与其拥有一支高素质的管理和技术人才队伍是分不开的，这是资金、产品、技术等硬实力无法代替的。老字号要重视人才的培养，在"师徒式"传统式的培训之外，还要引入现代经营管理培训体系。另一方面，重视科学技术在连锁经营中的应用，实现"传统"与"先进"的结合。

老字号企业对于其经营模式的转变和在新形势下的快速发展等课题进行了有益的实践和探索。可是，老字号引入连锁经营模式仍然要解决以下难题。首先，推进产品的标准化，标准化是连锁餐饮业规模化、低成本扩张的根本。如何继续深化标准化、规范化和统一化一直是老字号企业面临的难题。其次，强化市场分析，老字号除了重视加盟商后续管理和控制之外，更要重视加盟商进一步的标准化和准入规则的制定，要加大前期的市场调查，不是所有的地方都适合开设连锁店。再次，构建适合老字号自身的资本运作体系。我国的法制的不完善使老字号在品牌维护上遭遇到很多困难，如地方保护、维权难，老字号要从自身出发，优化相关运作方式，尤其是上市后对募集资本的使用问题，应结合连锁经营的发展战略。中国老字号企业如果能够突破制约其快速发展的瓶颈，相信一定能够重新焕发活力，将中国的传统文化发扬光大。

参考文献

[1] 菲力普科特勒，凯文凯勒. 营销管理 [M]. 北京：中国人民大学出版社，2009.

[2] Carney, M, Gedajlovic, E Vertical integration in franchise systems: agency theory and resource explanations [J]. *Strategic Management Journal*, 1991,12(3):607-29. Combs, J G

[3] Castrogiovanni, G J Franchisor strategy: a proposed model and empirical test of franchise versus company ownership [J]. *Journal of Small Business Management*, 1994,32(2):37-48.

[4] Jambulingam, T, Nevin, J R Influence of franchisee selection criteria on outcomes desired by the franchisor [J]. *Journal of Business Venturing*, 1999,14 (4):363 –95.

[5] 方惠, 乞建勋. 连锁企业规模扩张机理及其在我国的发展 [J]. 中国软科学, 2005(2):91 –95.

[6] 周殿昆. 商业连锁公司快速成长机理分析 [J]. 财贸经济, 2006(3):66 –71.

[7] Shane, S Hybrid organisational arrangements and their implications for firm growth and survival: a study of new franchisors [J]. *Academy of Management Journal*, 1996,39(1):216 –234.

[8] Kaufmann, P J, Eroglu, S. Standardization and adaptation in business format franchising [J]. *Journal of Business Venturing*, 1998,14 (1):69 –85.

[9] Lovelock, C, Patterson, P, Walker, R *Services Marketing: An Asia –Pacific and Australian Perspective* [M]. Pearson Education Australia, Frenchs Forrest, 2004.

[10] Nanda K Viswanathan, Peter R Dickson. The fundamentals of standardizing global marketing strategy [J]. *International Marketing Review*, 2007, (24):46 –63.

[11] Nuria López –Mielgo, José M Montes –Peón, Camilo J Vázquez –Ordás. Are quality and innovation management conflicting activities? [J]. *Technovation. Amsterdam*, 2009,29(8): 537 –545.

[12] Mendes, A B, Themido, I H Multi –store retail site location assessment [J]. *International Transactions in Operational Research*, 2004,11(8):1 –18.

[13] Elango, B, Fried, V H Franchising research: a literature review and synthesis [J]. *Journal of Small Business Management*, 1997, 35 (3): 68 –81.

[14] Hing, N Franchisee satisfaction: contributors and consequences [J]. *Journal of Small Business Management*, 1995(4):12 -25.

[15] Inma, C Purposeful franchising: re - thinking of the franchise rationale [J]. *Singapore Management Review*, 2005,27(1):27 -48.